N.-D. DE LA SALETTE

SON APPARITION, SON CULTE

NOTRE-DAME
DE LA SALETTE

SON APPARITION, SON CULTE

LE

PÈLERINAGE NATIONAL

DE 1872

PAR LE PÈRE J. BERTHIER

Missionnaire de N. D. de la Salette.

AVEC L'APPROBATION DE MGR L'ÉVÊQUE DE GRENOBLE

> Eh bien, mes enfants, vous le ferez passer à tout mon peuple.
>
> (Paroles de N.-D. de la Salette.)

PARIS
VICTOR PALMÉ, LIBRAIRE-ÉDITEUR
RUE DE GRENELLE-SAINT-GERMAIN, 25

—

1872

PRÉFACE

De nombreux écrits ont été publiés sur l'Apparition de la Salette.

Tout a été dit sur ce grand Événement, soit par d'illustres et savants Évêques, soit par un grand nombre d'auteurs estimés.

Toutefois, dans les ouvrages écrits sur ce sujet, l'histoire de l'Apparition et du culte de N.-D. de la Salette se trouve mêlée à des controverses ou à des réflexions morales, qui pourraient faire oublier la suite des faits. Il nous a donc semblé utile d'exposer fidèlement et avec brièveté l'historique de cette glorieuse manifestation de la Reine du Ciel, du retentissement merveilleux qu'elle a eu dans tout l'univers, des contradictions qu'elle a subies, des dévouements qu'elle a suscités, et enfin des progrès du culte de N.-D. de la Salette.

Dans cette nouvelle édition, nous avons ajouté à

APPROBATION

Sur le rapport qui nous a été fait par M. l'abbé Orcel, notre vicaire général, nous autorisons l'impression de l'ouvrage qui a pour titre : *Notre-Dame de la Salette, son Apparition, son Culte.*

Ce pieux opuscule contient un exposé historique court et fidèle des commencements et des progrès d'une dévotion que les malheurs présents de l'Eglise et de la France ont rendue plus chère à un grand nombre d'âmes chrétiennes, et nous le croyons propre à intéresser, instruire et édifier.

Grenoble, le 21 décembre 1870.

† JUSTIN,

Évêque de Grenoble.

DÉCLARATION DE L'AUTEUR.

S'il nous est arrivé dans cet opuscule de donner le nom de saint ou de vénérable à des personnages recommandables pour leurs vertus, nous déclarons n'avoir point voulu prévenir le jugement du Saint-Siége. — Nous déclarons pareillement que les faits que nous rapportons n'ont qu'une autorité purement humaine, excepté en ce qui a été approuvé par ce même Siége apostolique, au jugement infaillible duquel nous soumettons sans réserve nos paroles et nos écrits.

---

la notice historique le récit du *Pèlerinage national* de 1872.

Si ce livre contribue à répandre encore la connaissance de l'Apparition et la dévotion à la divine Réconciliatrice des pécheurs, nous aurons atteint le but que nous nous sommes proposé en l'écrivant.

N.-D. DE LA SALETTE

SON APPARITION, SON CULTE

I

LES LIEUX DE L'APPARITION.

A 63 kilomètres de Grenoble, sur la route qui met la
capitale du Dauphiné en communication avec Gap et le
Midi de la France, s'élève le bourg de Corps, un des chefs-
lieux de canton du département de l'Isère. Son site est des
plus gracieux. Assis sur le versant aplani d'une montagne,
Corps domine une des belles vallées qui s'étendent aux
pieds des Alpes. Sa population est de 1,330 habitants. Au
nord du bourg, un chemin, tracé sur les bords d'un torrent, s'enfonce dans une gorge formée par deux chaînes
de petites montagnes, s'avançant parallèlement sur une
étendue de plus de trois kilomètres. La gorge s'entr'ouvre

ensuite et laisse apercevoir le paysage le plus accidenté. C'est un bassin de terres cultivées, enfermé dans un cercle de hautes montagnes et sillonné par des torrents qui, réunissant leurs eaux, les précipitent dans la gorge qui conduit à Corps ; çà et là, sur les versants des montagnes, s'échelonnent, au milieu de bouquets d'arbres, douze hameaux qui forment la commune de la Salette. Cette commune fait partie du canton de Corps, dont elle est séparée par une distance d'environ cinq kilomètres ; elle compte 700 habitants. Au-dessus des toits de chaume de ce village, le regard rencontre encore quelques forêts de sapins ou de hêtres entrecoupées de prairies. Puis les montagnes qui limitent le tableau n'étalent plus que des pâturages, où durant la belle saison errent les troupeaux.

Au nord de la Salette, un de ces sommets se fait remarquer par sa croupe arrondie, recouverte d'une riche verdure et surmontée d'une grande croix. C'est le *Planeau* ou le *Mont sous les Baisses*. Son versant méridional s'incline jusque vers le plus élevé des hameaux de la Salette. Deux ravins qui, après les pluies ou à la fonte des neiges, servent de lit à deux torrents, enlacent ses flancs à l'est et à l'ouest ; et le versant septentrional se rattache à d'autres montagnes plus élevées encore, par une dépression de terrain, limitée à l'est et à l'ouest par les deux ravins dont nous venons de parler. Ce lieu, qu'on a toujours nommé le *Plateau sous les Baisses*, forme en effet aujourd'hui une surface unie, assez étroite et entourée de trois hautes montagnes. Son élévation est de près de 1,800 mètres au-dessus du niveau de la mer ; une distance de cinq kilomètres le sépare de la Salette. Sur ce plateau, l'air se promène en liberté ; on y chercherait en vain un arbre ou même un arbuste à un kilomètre à la ronde.

Quelques rares chasseurs et les bergers visitaient seuls autrefois ces hauteurs d'un accès difficile. Elles sont devenues de nos jours le rendez-vous de foules innombrables, accourues de tous les points de la France et du monde. Depuis plusieurs années, on y arrive par une pente adoucie et par une voie facile, creusée sur les flancs des montagnes; et sur ce plateau, si longtemps désert, s'élève, entre deux couvents, un splendide sanctuaire, consacré à la Mère de Dieu et pouvant contenir 2,500 personnes. C'est une Apparition de la sainte Vierge qui a peuplé ces solitudes. Avant de donner le récit de cette glorieuse manifestation de la Reine du Ciel, faisons connaître les enfants qui en ont été les heureux témoins.

II

MAXIMIN.

Pierre-Maximin Giraud est né à Corps le 27 août 1835. Le 19 septembre 1846, époque de l'Apparition, il avait par conséquent onze ans et quelques jours. Son père exerçait à Corps la profession de charron, et sa mère étant morte depuis plusieurs années, Maximin grandissait sous la tutelle d'une belle-mère.

A onze ans, cet enfant était d'une grande ignorance. N'ayant pas fréquenté les écoles du village, il ne savait parler que le patois de Corps, et ne comprenait que quelques mots du français. C'est à peine si son père avait réussi à lui apprendre le *Pater* et l'*Ave Maria*, qu'il lui avait cependant fait répéter pendant trois années. Maximin n'était pas néanmoins dépourvu d'intelligence ni de mémoire, mais sa légèreté et son inconstance le rendaient incapable de toute attention soutenue. Il ne rêvait qu'amusements; et lorsqu'on le conduisait à la messe ou au catéchisme, il s'échappait pour aller sur la place publique jouer avec d'autres enfants.

Tel était Maximin, quand, le 13 septembre 1846, Pierre Selme, propriétaire des Ablandens, hameau de la Salette, se rendit à Corps et pria le charron Giraud de lui céder son fils pour quelques jours. Il voulait confier à Maximin la garde de son troupeau de vaches, en attendant que fût rétabli son berger qui venait de tomber malade. Après quelques résistances, Giraud se rendit aux instances de son ami, et le lundi 14 septembre, à trois heures du matin, Pierre Selme emmena avec lui à la Salette Maximin, qui, jusque-là, n'avait jamais quitté la maison paternelle.

Craignant toutefois que cet enfant ne laissât précipiter ses vaches dans les ravins, Pierre Selme alla travailler dans le champ où Maximin devait les garder, le lundi 14 septembre, le mardi, les mercredi et vendredi suivants.

Pendant ce temps, il ne perdit point de vue son berger et le jeudi il le fit surveiller par sa femme. Ce n'est que le vendredi 18 que Pierre Selme vit Maximin jouer avec Mélanie Calvet, qui gardait les vaches de Jean-Baptiste Pra.

III

MÉLANIE.

Née à Corps le 7 novembre 1831, de parents pauvres et chargés d'une assez nombreuse famille, Françoise-Mélanie Calvat-Mathieu dut, bien jeune encore, quitter le toit paternel, pour garder les troupeaux d'un maître. Elle servit d'abord pendant deux ans à Quet-en-Beaumont, et ensuite à Sainte-Luce, hameau important de la paroisse de Saint-Jean-des-Vertus, où elle passa également deux années. Dans le cours du mois de mars 1846, elle entra au service de Jean-Baptiste Pra, propriétaire aux Ablandens.

Au moment de l'Apparition, elle avait près de quinze ans, et c'est à peine si à cet âge elle savait faire le signe de la croix. Retenue à la suite du troupeau de ses maîtres. le dimanche et les jours de fête, comme les autres jours de la semaine, elle ne pouvait aller que fort rarement à l'église. Son intelligence n'avait donc reçu aucune culture, et sa mémoire ingrate ne pouvait qu'avec peine retenir quelques lignes du catéchisme. Aussi ne put-on l'admettre à la première communion que dans sa dix-septième année, malgré les soins assidus que lui donnèrent les religieuses de Corps, auxquelles elle fut confiée en décembre 1846.

Mélanie était timide et osait à peine répondre aux questions qu'on lui adressait, en sorte qu'on l'eût crue d'une humeur boudeuse et maussade. Dans son insouciance, il lui arrivait de s'endormir dans l'étable quand elle y ramenait le soir son troupeau ; d'autres fois, elle eût passé la nuit à la belle étoile, si on ne l'en eût empêchée. Etait-elle trempée de pluie, elle ne demandait pas même à changer de vêtements.

Maximin avait six ans seulement, quand Mélanie, âgée de dix ans, quitta le bourg de Corps. Ces deux enfants ne se connaissaient donc nullement. Ils n'avaient pu se voir que depuis l'arrivée de Maximin aux Ablandens. Le vendredi 18 septembre, ils passèrent ensemble une partie de la journée, et le soir, en se séparant, ils convinrent de revenir tous les deux le lendemain garder leurs vaches sur la montagne du Planeau.

Tels étaient Maximin et Mélanie avant le 19 septembre 1846.

Le Dieu qui a choisi de pauvres pêcheurs de Galilée pour annoncer l'Evangile aux nations, jeta les yeux sur ces deux jeunes pâtres ignorants pour en faire les apôtres de sa Mère.

IV

LE 19 SEPTEMBRE 1846.

C'est un samedi, jour consacré par la piété catholique à honorer la sainte Vierge ; c'est un jour de jeûne et de pénitence, à cause des quatre-temps de septembre. Les deux jeunes bergers se rendent de grand matin sur la montagne, conduisant chacun les quatre vaches de leurs maîtres. Comme la veille, Pierre Selme va travailler à son champ ; vers onze heures et demie, il appelle Maximin et lui dit d'aller faire boire ses vaches. « Je vais appeler Mélanie, répondit le petit berger, et nous y irons ensemble ; » et, en effet, les deux enfants conduisent leurs vaches dans le ravin qui limite à l'ouest le *Plateau sous les Baisses*, et le sépare d'une montagne appelée le Gargas. Là, jaillissait une source, où les pâtres avaient coutume d'abreuver leurs troupeaux, et qu'on appelait la *Fontaine des Bêtes*.

Bientôt après, entendant la cloche du village de la Salette qui sonne l'*Angelus*, les enfants montent le long du ruisseau de la Sézia, qui coule dans le ravin, et dont les rives sont bordées d'un épais gazon ; ils cherchent un endroit propice pour prendre leur petit repas ; et ils arrivent près d'une fontaine dont le lit est à droite du ruisseau, et à une vingtaine de pas au-dessous du plateau solitaire que nous avons décrit précédemment. Comme cette fontaine était alors complétement tarie, ils vont à quelques mètres plus haut, à gauche du ruisseau, tremper leur pain, durci par la chaleur de la journée, dans les eaux d'une source appelée *Fontaine des Hommes.*

Après leur repas, les deux enfants déposent leurs panetières à côté du lit desséché de la source tarie, et, contrairement à leur habitude, s'endorment tout près de là, à quelques pas l'un de l'autre.

Vers deux heures et demie, Mélanie, s'étant éveillée la première, appelle son compagnon, en lui disant : « Allons voir où sont nos vaches ; » et les deux bergers de franchir le torrent, et de gravir l'espace qui les sépare du plateau. Ils ne tardent pas de découvrir leurs vaches : elles étaient couchées sur le versant du mont Gargas ; et ils redescendent aussitôt pour reprendre leurs petits sacs, qu'ils avaient laissés à côté de la fontaine desséchée. Mélanie précède son compagnon. A peine ont-ils fait quelques pas, qu'elle aperçoit soudain devant elle une clarté éblouissante. Cette lumière merveilleuse remplit le ravin et semble faire pâlir celle du soleil, qui brille cependant du plus vif éclat. A cette vue : « Viens vite voir cette clarté là-bas, » s'écria Mélanie, et Maximin, qui d'abord n'apercevait pas la clarté, la découvre aussitôt.

La lumière s'entr'ouvre et laisse voir une *Belle Dame* environnée de gloire, mais dont l'attitude révèle une tristesse profonde. C'est l'heure des premières Vêpres de la fête de N.-D. des Sept-Douleurs, et l'Église chante par toute la terre : « Oh ! de quelle abondance de larmes est inondée la Vierge Mère !... » La *Belle Dame*, comme l'ont appelée les bergers, est assise sur une pierre ; ses pieds reposent dans le lit desséché de la fontaine, ses coudes sont appuyés sur ses genoux, et ses mains soutiennent sa tête, qui est comme appesantie par la douleur.

A ce spectacle, la petite bergère est saisie de frayeur. « Ah ! mon Dieu, » s'écrie-t-elle, et elle laisse tomber son bâton. Maximin lui aussi est effrayé, et il invite sa compagne à garder son bâton, afin de pouvoir au besoin se défendre.

Alors la *Belle Dame* se lève, croise les mains sur sa poitrine, et, d'une voix douce comme une harmonie du ciel : « Avancez, mes enfants, dit-elle, n'ayez pas peur, je « suis ici pour vous conter une grande nouvelle. »

Elle s'avance ensuite vers l'endroit où les enfants s'étaient endormis, à trois mètres cinquante de la fontaine ; et les deux bergers, pleinement rassurés par ses maternelles paroles, s'empressent de descendre à sa rencontre. Ils franchissent le ruisseau, et viennent se placer tout à fait près d'Elle, Mélanie à sa droite, et Maximin à sa gauche, mais tous deux devant Elle et dans la lumière qui l'environne.

V

LE DISCOURS DE LA SAINTE VIERGE.

« Si mon peuple ne veut pas se soumettre, » dit alors la *Belle Dame* en versant d'abondantes larmes, « je suis

« forcée de laisser aller le bras de mon Fils ; il est si
« lourd et si pesant, que je ne puis plus le retenir.

« Depuis le temps que je souffre pour vous autres ! Si je
« veux que mon Fils ne vous abandonne pas, je suis
« chargée de le prier sans cesse pour vous autres, qui
« n'en faites pas cas. Vous aurez beau prier, beau faire,
« jamais vous ne pourrez récompenser la peine que j'ai
« prise pour vous autres.

« Je vous ai donné six jours pour travailler, je me suis
« réservé le septième, et on ne veut pas me l'accorder (1) ;
« c'est ça qui appesantit tant le bras de mon Fils.

« Ceux qui conduisent les charrettes ne savent pas
« jurer sans y mettre le nom de mon Fils. Ce sont les
« deux choses qui appesantissent tant le bras de mon Fils.

« Si la récolte se gâte, ce n'est rien que pour vous
« autres. Je vous l'ai fait voir l'année dernière par la ré-
« colte des pommes de terre, vous n'en avez pas fait cas.
« C'est au contraire, quand vous en trouviez de gâtées,
« que vous juriez, vous mettiez le nom de mon Fils. Elles
« vont continuer à pourrir, et à Noël il n'y en aura plus. »

Jusque-là, la *Belle Dame* a parlé le français ; or, comme
nous l'avons dit, les deux pâtres ne comprenaient pas
cette langue. A cet endroit du discours, Mélanie interroge
du regard Maximin, comme pour lui demander ce que
signifient les paroles de la *Belle Dame*. Celle-ci alors,

(1) La sainte Vierge fait ici parler Dieu lui-même, dont elle nous
transmet le reproche. C'est ainsi qu'ont fait souvent les auteurs inspirés. Après avoir invité Israël à louer le Seigneur et lui avoir rap-
pelé le souvenir de ses miséricordes, le psalmiste n'ajoute-t-il pas
incontinent : *Je suis le Seigneur ton Dieu, qui t'ai tiré de la terre
d'Egypte* (ps. 80. 7-11). Nous pourrions citer plusieurs autres passages semblables.

avec une maternelle condescendance : « Mes enfants, » dit-Elle, « vous ne comprenez pas le français, je vais « vous le dire autrement. » Et Elle reprend en patois du pays, non le commencement de son discours, mais seulement ces paroles : « Si la récolte se gâte, ce n'est rien que « pour vous autres, etc. »

Puis elle poursuit son discours également en patois : « Si vous avez du blé, il ne faut pas le semer. Tout ce « que vous sèmerez les bêtes le mangeront ; ce qui vien-« dra tombera tout en poussière quand vous le battrez.

« Il viendra une grande famine. Avant que la famine « vienne, les enfants au-dessous de sept ans prendront un « tremblement, et mourront entre les mains des personnes « qui les tiendront ; les autres feront pénitence par la fa-« mine. Les noix deviendront mauvaises, les raisins « pourriront. »

Après ces mots, la *Belle dame* continue de parler à haute voix. Tout en voyant le mouvement de ses lèvres, Mélanie ne l'entend plus. Maximin reçoit un secret en français. Bientôt après la sainte Vierge s'adresse à la petite bergère ; et Maximin cesse de l'entendre. Elle confie aussi à Mélanie un secret également en français, et plus long, paraît-il, que celui de Maximin. Puis, poursuivant son discours en patois, et de manière à être entendue des deux bergers : « S'ils se convertissent, dit-elle, les pierres « et les rochers se changeront en monceaux de blé ; et les « pommes de terre se trouveront ensemencées par les « terres (1). »

____

(1) Ce sont là des expressions figurées dont la sainte Vierge se sert, pour promettre aux hommes de grandes prospérités temporelles, s'ils reviennent à Dieu. De semblables locutions sont fré-

S'adressant ensuite d'une manière plus spéciale aux deux bergers, la *Belle Dame* leur dit : « Faites-vous bien « votre prière, mes enfants ? — Oh ! non, Madame, bien « peu, » répondirent-ils tous deux avec franchise. « Ah ! « mes enfants, reprit-elle aussitôt, il faut bien la faire, « soir et matin. Quand vous ne pourrez pas mieux faire, « (il faudra) dire seulement un *Pater* et un *Ave Maria*. Et « quand vous aurez le temps, (il faudra) en dire davan- « tage.

« Il ne va que quelques femmes âgées à la messe. Les « autres travaillent le dimanche tout l'été; et l'hiver, « quand ils ne savent que faire, ils ne vont à la messe que « pour se moquer de la religion. Le Carême, ils vont à la « boucherie comme des chiens (1).

« N'avez-vous jamais vu du blé gâté, mes enfants ? » demanda enfin la céleste Messagère. Et les deux bergers de répondre : « Non, Madame. » Puis, s'adressant à Maximin : « Mais vous, mon enfant, dit-Elle, vous devez bien en « avoir vu une fois, vers la terre du Coin (2), avec votre « père. Le maître de la pièce (de blé) dit à votre père : « Venez voir mon blé gâté. Vous y êtes allés tous les « deux. Il prit deux ou trois épis dans sa main, et puis il « les froissa, et tout tomba en poussière. Puis vous vous « en retournâtes. Quand vous étiez encore à une demi-

quemment employées dans nos saints Livres. Le Seigneur lui-même ne dit-il pas à Moïse : « J'introduirai mon peuple dans une terre fer- tile, où ruissellent le lait et le miel (Exod. 3-8)? »

(1) Cette parole paraît dure; mais l'est-elle assez pour flétrir, comme il le mérite, le sensualisme de quelques chrétiens de nos jours? On sait, du reste, que Notre-Seigneur et les prophètes n'on pas craint de comparer certains pécheurs à de vils animaux.

(2) C'est le nom d'un petit hameau de la commune de Corps.

« heure de Corps, votre père vous a donné un morceau
« de pain, et vous a dit : Tiens, mon enfant, mange en-
« core du pain cette année ; je ne sais pas qui en mangera
« l'année prochaine, si le blé continue encore comme ça
« (à se gâter). »

« Oh ! oui, Madame, je m'en souviens à présent, répondit Maximin ; tout à l'heure, je ne m'en souvenais
pas. »

La sainte Vierge termine son discours par ces paroles,
prononcées en français : « Eh bien, mes enfants, vous le
« ferez passer à tout mon peuple. » Puis, s'éloignant des
deux bergers, elle traverse la Sézia. Au milieu du lit de ce
ruisseau était une pierre sur laquelle elle semble poser les
pieds. Elle leur répète ensuite une deuxième fois, et sans
se tourner vers eux, ces mêmes paroles : « Eh bien, mes
« enfants, vous le ferez passer à tout mon peuple ; » et
Elle se dirige vers le monticule qu'avaient gravi les bergers pour découvrir leur troupeau. Ses pieds ne font aucun mouvement ; Elle glisse au-dessus de l'herbe qu'elle
effleure à peine. Comme entraînés par un charme irré-
sistible, les enfants la suivent ; Mélanie la devance même
un peu, tant elle a à cœur de ne point la perdre de vue.
Maximin est à la gauche, et à deux ou trois pas de la
sainte Vierge, qui parcourt ainsi un espace de trente-
huit à quarante pas. Dès qu'elle est parvenue sur le plateau, elle s'élève à la hauteur d'un mètre cinquante environ, reste un instant suspendue dans les airs, tourne
ses yeux vers le ciel, puis les abaisse vers la terre, dans la
direction du sud-est.

A cet instant, son regard rencontre celui de Mélanie,
qui se trouve en face d'Elle. Maximin est à droite et un
peu en arrière. *Puis nous n'avons plus vu la tête*, disent les

deux bergers dans leur naïf récit, *plus vu les bras, plus vu le reste du corps. Elle semblait se fondre. Il resta,* dit Maximin, *une grande clarté, que je voulais attraper avec la main, avec les fleurs qu'elle avait aux pieds ; mais il n'y eut plus rien. Et Mélanie me dit : Ce doit être une grande sainte. Et je lui dis : Si nous avions su que c'était une grande sainte, nous lui aurions bien dit de nous mener avec Elle. Ah ! si Elle y était encore,* ajouta Mélanie. *Nous regardâmes bien,* continue la petite bergère, *pour voir si nous ne la voyions plus ; et je dis : Elle ne veut pas se faire voir, pour que nous ne voyions pas où Elle va. Après, nous étions bien contents, et nous avons parlé de tout ce que nous avions vu. Ensuite, nous fûmes garder nos vaches* (1).

VI

UN MOT SUR LE DISCOURS.

Nous avons cité le texte des paroles de la sainte Vierge, tel que les deux enfants l'ont transmis aux commissaires délégués par Mgr l'Evèque de Grenoble, et tel qu'ils l'ont répété invariablement après l'Apparition à des milliers de visiteurs.

Dans sa forme, ce discours est simple comme l'Évangile ; et ceux-là seuls pourraient se scandaliser de cette simplicité, qui n'auraient jamais lu les saintes Écritures.

Un imposteur qui aurait voulu jouer devant les bergers le rôle de la sainte Vierge, eût tout autrement

____

(1) Ces détails sont extraits du récit même qu'en ont fait les deux petits pâtres, peu après le 19 septembre 1846.

commencé à leur parler. Il eût dit tout d'abord et répété plusieurs fois : « Je suis la Vierge Marie. »

La *Belle Dame* ne se nomme pas ; les deux pauvres
pâtres ont compris que Celle qui leur apparaissait venait
du ciel : mais ils n'ont pas su reconnaître en Elle la Mère
de Dieu. Sur la montagne de la Salette, la sainte Vierge
se montre néanmoins avec toutes les glorieuses prérogatives dont le Seigneur l'a comblée. Elle porte en effet sur
son front un brillant diadème ; et elle appelle tous les
hommes son peuple : elle est donc la Reine du monde.
Elle est aussi la Mère de Dieu, puisque son Fils est celui
dont on méprise les commandements, et dont la justice
menace les pécheurs.

Elle est de plus notre Médiatrice et notre Mère, et c'est
ce qu'elle exprime éloquemment par ces paroles : « De-
« puis le temps que je souffre pour vous autres... Je suis
« chargée de prier sans cesse pour vous... »

Quoi, d'ailleurs, de plus touchant que les humbles détails par lesquels Elle termine son discours!... Comme ils
nous révèlent cette maternelle tendresse, à laquelle rien
n'échappe, ni cette terre solitaire du Coin, où les épis de
blé tombent en poussière, ni les sollicitudes d'un pauvre
montagnard, qui craint de n'avoir pas de pain à donner
à son enfant...

Quand on vint dire au charron Giraud que Maximin
avait vu la sainte Vierge, cet homme, qui vivait dans une
grande indifférence religieuse, se prit à s'en moquer et à
éclater de rire. Il eut hâte cependant de faire raconter à
son fils ce qui s'était passé. Celui-ci répéta fidèlement
tout ce que lui avait dit la *Belle Dame*. Giraud fut fort
surpris de voir ce même enfant, auquel il avait eu tant
de peine à apprendre une courte prière, réciter facilement

un si long discours. Mais l'*incident de la terre du Coin* le frappa plus vivement encore. Il en était pleinement convaincu, personne n'avait pu entendre les paroles qu'il avait dites à son fils, en lui donnant un morceau de pain. Et cependant la *Belle Dame* les avait exactement rappelées... Il crut donc à l'Apparition dont il se riait d'abord ; et même, il s'empressa de remplir ses devoirs de chrétien, depuis longtemps négligés.

En se montrant si tendre Mère, la sainte Vierge nous excite à grandir en amour pour Elle. « Vous aurez beau « prier, beau faire, jamais vous ne pourrez récompenser « la peine que j'ai prise pour vous autres. » Jamais Marie n'a été autant honorée que de nos jours ; pendant que tous les vrais catholiques se réjouissent de l'extension de son culte, certains esprits n'y veulent voir qu'une sorte d'exagération dont ils s'alarment. La Vierge de la Salette les rassure, et leur rappelle que, malgré tous nos efforts, nous ne pourrons jamais assez exalter la Mère de Dieu, notre Mère, qui a tant fait et tant souffert pour nous. N'est-ce pas là, du reste, ce qu'enseignent les saints Docteurs ?

La manière admirable dont le discours de la divine Messagère révèle les plaies de notre siècle, a paru à un illustre prélat (1), et paraîtra aux esprits sérieux, une des preuves les plus péremptoires de la vérité de l'Apparition. Les premières paroles de la sainte Vierge, qui sont comme le résumé de tout le discours, signalent le défaut dominant de notre époque : l'insoumission à la loi de Dieu et aux autorités qu'il a établies. De nos jours, en effet, l'esprit d'indépendance désole la famille et met

____

(1) Mgr Ginoulhiac, archevêque de Lyon.

en péril la société. Et la rébellion contre Dieu et contre l'autorité se traduit par la profanation du saint jour, par le blasphème, par la négligence à assister au saint Sacrifice le dimanche, et par la violation de l'abstinence et des jeûnes commandés. La sainte Vierge se plaint amèrement de tous ces crimes, qui étalent dans une société chrétienne le scandaleux spectacle du mépris public des lois de Dieu et de son Église. Elle nous apprend que les travaux du dimanche et le blasphème appesantissent surtout le bras de son Fils.

Ces désordres, en effet, ont pris de nos jours des proportions jusque-là inconnues dans les siècles chrétiens. Or, la profanation du dimanche, en même temps qu'elle dérobe à Dieu, par une injustice sacrilége, le jour qui lui appartient, entraîne à sa suite l'ignorance des vérités de la foi, l'indifférence et l'irréligion. Et le blasphème, qui attaque en face la majesté et le nom adorable du Seigneur, le blasphème, vomi sur la terre par les démons de l'enfer, retentit partout où il y a des hommes. Il est non-seulement sur les lèvres et dans les cœurs, mais encore dans les écrits impies qui le sèment de toute part. On conçoit donc sans peine que ces deux crimes attisent le feu de la colère divine. Aussi, la sainte Vierge nous annonce-t-Elle les grands maux qui fondront sur nous, si nous refusons de nous convertir.

La plupart de ses prophétiques menaces se sont déjà accomplies. Que de fléaux nous ont affligés depuis 1846!... La maladie de la pomme de terre, l'année même de l'Apparition et l'année suivante, sévissait en France, et réduisait à une extrême détresse le peuple irlandais. Au mois de décembre 1846, il ne restait de pommes de terre, à Corps et dans les environs, que ce qu'il en fallait pour ensemencer les terres au printemps suivant. Tous les habitants de ces localités sont unanimes à l'attester. — En 1851, la maladie de la vigne, jusqu'alors inconnue, s'est répandue en France et dans presque toute l'Europe.— La maladie des noix, en 1852, enleva au Dauphiné une de ses plus importantes récoltes. — Les relevés statistiques publiés en 1856 par un journal français portent à 151,000 le nombre des décès, résultant pour la France de la cherté des vivres, durant les années 1854 et 1855. A cette époque, en effet, la récolte fut fort mauvaise dans diverses contrées, et on vit apparaître la maladie du blé avec les caractères marqués par les paroles de la sainte Vierge.— Une mortalité exceptionnelle des petits enfants désola les paroisses de la Salette et de Corps en 1847. En 1854, le choléra fit en France 150,000 victimes, dont 75,000 environ étaient des enfants au-dessous de sept ans (1).

Si jusqu'ici tous les châtiments annoncés par la divine Messagère n'ont pas pesé sur nous dans toute leur rigueur, qui sait ce que nous réserve l'avenir ?...

Les menaces prophétiques de la sainte Vierge sont, du reste, conditionnelles; elles ne doivent avoir leur entier accomplissement qu'autant que les hommes *ne voudront pas se soumettre*. Nous pouvons désarmer le bras de Dieu, d'abord par la prière, que la divine Vierge nous recommande de *bien faire soir et matin*, et aussi par la pénitence. *Dans quarante jours, Ninive sera détruite*, criait le prophète Jonas aux Ninivites; ceux-ci firent pénitence sous le sac et dans la cendre, et leur ville fut épargnée.

Après nous avoir menacés du courroux de son Fils, la divine Messagère nous fait ensuite des promesses.

(1) Voir l'ouvrage intitulé : *La Salette devant la raison;* etc.

Comme on a pu le remarquer, Elle n'annonce aux hommes que des prospérités et des malheurs temporels. Les cœurs glacés par l'indifférence ne sont en effet sensibles qu'aux biens et aux maux du temps; la sainte Vierge se met à leur portée, et leur parle le seul langage qu'ils puissent comprendre. Du reste, les crimes dont elle se plaint, étant publics et scandaleux, attestent la culpabilité des nations chrétiennes; et ce n'est que sur la terre et dans le temps que les nations peuvent être récompensées ou punies. Nul doute, d'ailleurs, que des biens et des maux spirituels ne soient figurés par les prospérités et les **malheurs** temporels que la Vierge nous prophétise à la Salette.

VII

QUELQUES CIRCONSTANCES DE L'APPARITION.

Il n'est pas un seul des détails de cette glorieuse manifestation de la Reine du Ciel qui ne mérite d'être recueilli avec un religieux respect. C'est vers deux heures et demie qu'a dû avoir lieu l'Apparition, et elle a duré, croit-on, environ une demi-heure. La lumière qui environnait la sainte Vierge rayonnait à trois ou quatre mètres autour d'Elle. Cette clarté, disent les deux témoins, était plus brillante que celle du soleil, mais d'une autre couleur. C'est elle qui, prenant des formes diverses, servait de vêtement à la divine Vierge.

Le front de la céleste Messagère était ceint d'une couronne de roses étincelantes et d'un brillant diamant. Sa robe, d'une forme très-simple, était d'une blancheur éblouissante. Sur ses épaules, elle portait un modeste fichu bordé d'une guirlande de roses. Deux chaînes pendaient sur sa poitrine : l'une, plus grande, figurait sans doute le poids de nos iniquités, qui pèse lourdement sur son cœur de Mère ; l'autre, plus petite, portait une croix avec son Christ. A droite de la croix étaient des tenailles, et à gauche un marteau. La sainte Vierge avait devant Elle un tablier, comme une humble servante. Mais tout était lumière. C'est bien là l'auguste Reine du Ciel environnée de gloire, et en même temps la Vierge humble et modeste de Nazareth qui vient, en se montrant à la terre, nous prêcher la simplicité chrétienne. Les cheveux de la *Belle Dame* étaient cachés par sa lumineuse coiffure ; une sorte de guimpe brillante lui voilait le cou, et ses mains, pendant tout le temps qu'elle parla, furent recouvertes par les longues manches de sa robe.

Elle n'a pas permis au petit berger de contempler son visage. Les rayons d'une lumière éblouissante ont dérobé aux regards de cet enfant la virginale beauté qui ravit les anges du ciel. Quel admirable exemple de modestie!... Seule, Mélanie a pu lire dans les traits de la divine Vierge l'expression d'une maternelle tendresse et d'une profonde douleur. Seule, elle a vu couler les pleurs de Celle qui ne connaît plus, sans doute, les tristesses de cet exil, mais qui, venant sur la terre, a dû parler le langage de la terre, et se servir des larmes pour nous dire plus éloquemment que nous devons pleurer nos péchés et fuir les folles joies du monde. Pendant tout le temps que la *Belle Dame* nous a parlé, a dit la jeune bergère, elle n'a cessé de pleurer. Ses larmes s'évanouissaient dans la lumière et ne descendaient pas jusqu'à terre. Elles ruisselaient plus abondamment tandis que la sainte Vierge annonçait les maux qui menacent les hommes, s'ils refusent de se convertir.

La voix de la divine Messagère était d'une douceur telle que les mélodies de la terre n'en peuvent donner une idée. Aussi les enfants recueillaient-ils avec avidité ses paroles, lors même qu'ils n'en comprenaient pas le sens. Heureux les cœurs qui seront touchés par ces accents maternels! Heureuses les âmes qui feront leur nourriture de ces célestes enseignements!...

VIII

LES DEUX BERGERS APRÈS L'APPARITION.

Le 19 septembre, vers le déclin du jour, les deux bergers ramenant leur troupeau quittent la montagne. Ils arrivent aux Ablandens vers six heures du soir, et racontent à leurs maîtres ce qu'ils ont vu. En entendant leur récit, la bonne vieille mère de Jean-Baptiste Pra se prend à verser des larmes, et elle dit à l'un de ses fils : « Après cela, va-t-en encore travailler le dimanche! » — La merveilleuse nouvelle se répand de proche en proche dans tout le hameau. On accourt auprès des deux bergers, on les questionne jusqu'à une heure avancée de la nuit. Les uns croient à leur récit; la plupart hésitent encore; mais tous sont frappés de voir ces deux pâtres, si ignorants, répéter en français une partie du discours qu'ils disent avoir entendu. A tous, la chose paraît grave, et on conseille aux enfants de la raconter dès le lendemain à M. le curé.

Le dimanche 20 septembre, avant la Messe, Maximin et Mélanie se rendirent donc ensemble au presbytère. Un prêtre d'un âge avancé, M. Jacques Perrin, était alors curé de la Salette. Il reçut et interrogea avec bonté les deux jeunes bergers, qu'il voyait pour la première fois ; et après avoir entendu leur récit : « Mes enfants, dit-il en pleurant, que vous êtes heureux ! vous avez vu la sainte Vierge ! » La messe paroissiale fut célébrée à neuf heures. M. Perrin prit pour sujet de son prône le récit des deux pâtres. Les sanglots entrecoupèrent sa voix, et il ne fut pas entendu de tous ses paroissiens. Mais chacun de se demander après la messe ce qui était arrivé.

Dans la matinée du même jour, Pierre Selme, dont le berger était guéri, reconduisit chez son père le petit Maximin, dont il n'avait plus besoin désormais.

Après son dîner, M. Peytard, maire de la Salette, homme consciencieux et intelligent, se rend aux Ablandens, auprès de Mélanie. Il emploie tour à tour la sévérité et la douceur pour l'engager à ne plus raconter une histoire qui, dit-il, jette le trouble dans toute la commune. Mélanie reste insensible à ses menaces et à ses promesses ; et, avec un sang-froid qui étonne M. Peytard : « Rien au monde, répond-elle, ne m'empêchera de dire ce que j'ai vu et entendu. » Cependant, Maximin, de retour à Corps, raconte de son côté la merveilleuse vision à la foule, qui se presse autour de lui. Depuis lors, ces deux enfants sont chaque jour interrogés par de nombreux visiteurs, que la piété ou la curiosité amènent auprès d'eux. On ne se rend pas tout d'abord à leur témoignage. L'esprit humain accepte difficilement ce qui impose quelque devoir à remplir ; mais bientôt se dissipent les nuages du doute. Les hésitations tombent devant la naïveté et la conviction des deux bergers. A voir ces enfants, en effet, on les dirait encore sous l'impression du prodige dont ils ont été témoins. Leurs paroles sont animées et ardentes ; le feu qui est dans leur regard donne à leur langage, d'ailleurs si candide, une force merveilleuse ; Mélanie verse des larmes en racontant l'Apparition.

Immédiatement après le 19 septembre, les deux bergers restent séparés pendant trois mois. Maximin va à l'école à Corps, chez les religieuses de la Providence. Mélanie demeure chez Jean-Baptiste Pra, aux Ablandens, jusqu'au milieu de décembre 1846. Pendant ce temps, que ne fait-on pas pour les surprendre en contradiction l'un avec l'autre ! « Car il faut remarquer que jamais accusés n'ont été, en justice, poursuivis de questions sur un crime, comme ces deux pauvres pâtres le sont..... sur la vision qu'ils racontent..... On les a vu conduire, comme on conduirait des malfaiteurs, sur le lieu même de leur révélation..... Ni les personnages les plus graves et les plus distingués ne les déconcertent ; ni les menaces et les injures ne les effraient ; ni les caresses et la douceur ne les font fléchir ; ni la fréquente répétition de toutes ces épreuves ne les trouve en contradiction, soit chacun avec lui-même, soit l'un avec l'autre (1). » « Jamais ils n'ont varié dans l'exposition d'un fait, sur lequel l'astuce et la malveillance auraient eu tant de facilités à dévoiler l'imposture (2). »

Vers la Noël de cette même année, Mélanie quitte les Ablandens et est confiée, comme Maximin, aux soins des religieuses de Corps. Ces deux enfants, qui se sont quittés sans regret et sans songer à ce que l'un pourrait dire ou ne pas dire en l'absence de l'autre, se revoient avec in-

----

(1) Mgr Dupanloup. Cet illustre prélat écrivait ces lignes en 1848 à la suite de son pèlerinage à la Salette.

(2) Mgr Villecourt, depuis cardinal.

différence. On ne tarde même pas à découvrir la diversité
de leur humeur, qui provoque souvent entre eux de petites contrariétés. Jamais ils ne se recherchent. Interrogés
chaque jour séparément, ils ne se disent ni ne se deman-
dent jamais qui les a visités, ni quelles questions leur
ont été faites. La Supérieure des religieuses de Corps,
femme d'un grand sens et d'un âge mûr, loin de préparer
les enfants à répondre aux difficultés qui leur sont chaque
jour présentées, évite avec soin de leur parler de l'Apparition, et même est rarement présente quand on les
interroge. Néanmoins, à des objections imprévues, quelquefois insidieusement et longuement méditées, «ils oppo-
sent toujours des réponses promptes, brèves, claires, pré-
cises, péremptoires... (1). » Maximin est toujours léger et
inconstant ; Mélanie a conservé son humeur boudeuse :
« Mais dès qu'il s'agit du grand Evénement, ils ne paraissent plus avoir aucun des défauts ordinaires de leur âge...
Ils deviennent même tout à coup si graves, si sérieux.....
qu'ils imposent une sorte de crainte religieuse pour les
choses dont ils parlent, et une sorte de respect pour
leurs personnes... Ce respect singulier pour ce qu'ils
disent va si loin que, quand il leur arrive de faire
quelqu'une de ces réponses vraiment étonnantes, qui confondent les interrogateurs, et résolvent simplement, profondément les plus graves difficultés, ils n'en triomphent
en rien... Ils n'ont ni l'un ni l'autre absolument aucune
envie de causer de l'Evénement qui les rend cependant si
célèbres... Ils ne comprennent pas même l'honneur qu'ils
ont reçu... Ces deux enfants et leurs pauvres familles sont
demeurés aussi pauvres qu'auparavant. » A ces lignes,

____

(1) Mgr Dupanloup.

qu'écrivait en juin 1848 Mgr Dupanloup, nous pouvons ajouter que, pendant les années passées chez les religieuses de Corps, Maximin et Mélanie ont fait paraître le plus grand désintéressement. Quand Maximin avait reçu quelque argent, il le remettait fidèlement entre les mains de Madame la Supérieure, sans s'inquiéter de l'emploi qu'elle en ferait. Lui donnait-on quelque objet pieux, il le cédait volontiers au premier enfant qu'il rencontrait.

De tels témoins méritaient d'être crus. Ils l'ont été, en effet, par ceux qui les ont interrogés de bonne foi; et toutes les tentatives faites pour découvrir, dans l'Evénement de la Salette, une fable ou une imposture, n'ont abouti qu'à en établir la certitude et la vérité. Tel a été, en particulier, le résultat de l'interrogatoire, qu'en vertu d'ordres reçus du Procureur du roi, M. Long, notaire et maire de Corps, remplissant les fonctions de juge de paix, et M. Giraud, greffier, firent subir à Maximin et à Mélanie, le 22 mai 1847. Les deux bergers furent introduits séparément, devant ces deux fonctionnaires. On leur expliqua que, devant la justice, on doit dire toute la vérité et rien que la vérité. « Nous l'avons toujours dite, » répondirent-ils. On les menaça ensuite de toutes les rigueurs de la justice, si plus tard on découvrait quelque mensonge dans leur déposition; mais eux, sans s'intimider, racontèrent ingénûment ce qu'ils avaient vu. Procès-verbal de cet interrogatoire fut dressé, et envoyé aussitôt au parquet de Grenoble. Le ministère public s'en tint là, reconnaissant sans doute l'impossibilité d'expliquer par une imposture le Fait de la Salette.

IX

LES SECRETS.

Après l'Apparition, le petit pâtre dit à sa compagne :
« La Belle Dame a bien tardé de parler..... Je lui voyais
remuer les lèvres, mais que disait-elle ? » — « Je ne veux
pas te le dire, répondit Mélanie, Elle me l'a défendu. » —
« Va, Elle m'a dit quelque chose à moi aussi, repartit
Maximin, mais je ne veux pas te le dire non plus. » C'est
ainsi que les enfants connurent qu'ils avaient reçu l'un et
l'autre un secret. Leur fidélité à le garder a été admirable pendant les cinq années qui ont suivi l'Apparition,
et un illustre évêque y a vu un *signe caractéristique de
leur véracité* (1).

Vers la fin de mars de l'année 1851, Mgr l'Evêque de
Grenoble apprit, par Son Eminence le cardinal de Bonald, archevêque de Lyon, que Sa Sainteté, Pie IX, avait
manifesté le désir de connaître le secret des enfants.
M. l'abbé Auvergne, secrétaire de l'évêché, et M. l'abbé
Rousselot, vicaire général de Grenoble, se rendirent donc
successivement auprès de Maximin et de Mélanie (2). Ils
leur firent comprendre que le Souverain Pontife a le
droit de juger tous les faits religieux, et notamment les
apparitions, et, par conséquent, celui de connaître et

(1) Mgr Dupanloup, évêque d'Orléans.

(2) En 1851, Maximin était au séminaire de Grenoble, et Mélanie à
Corenc, près Grenoble, dans la maison-mère des religieuses de la
Providence.

d'examiner toutes les circonstances de ces faits. Ils ajoutèrent que, le Saint-Père voulant connaître le secret des bergers de la Salette, c'était pour ceux-ci un devoir de le lui révéler. Il ne fut pas d'abord facile de décider les enfants à obéir. Mélanie surtout résista longtemps. Elle voyait dans cette demande un nouveau stratagème, dont on usait pour lui faire dire ce que la sainte Vierge avait commandé de taire. Mais, une fois persuadés que le Souverain Pontife désirait vraiment en avoir connaissance, tous deux se montrèrent dociles.

Dans les premiers jours de juillet 1851, ils écrivirent eux-mêmes séparément leur secret, dans une des salles de l'évêché de Grenoble, et cachetèrent leur lettre en présence de témoins ecclésiastiques et laïques, désignés par Mgr l'Evêque. Sa Grandeur chargea ensuite M. Rousselot et M. Gerin, curé de la cathédrale, de porter à Rome cette mystérieuse dépêche, scellée du sceau de l'Evêché.

Les deux délégués partirent de Grenoble le 6 juillet, et, le 18 du même mois, ils obtenaient du Saint-Père une audience, dans laquelle ils remirent à Sa Sainteté les lettres des deux bergers. Le Saint-Père lut d'abord celle de Maximin. « Il y a ici la candeur et la simplicité d'un enfant, » dit-il, après cette lecture. Et quand il eut pris connaissance du secret de Mélanie, il devint fort triste, et dit : « Ce sont des fléaux qui menacent la France; elle n'est pas seule coupable; l'Allemagne, l'Italie, toute l'Europe est coupable, et mérite des châtiments. J'ai moins à craindre de l'impiété ouverte que de l'indifférence et du respect humain. Ce n'est pas sans raison que l'Eglise est appelée militante, et vous en voyez ici le capitaine. »

X

LES PREMIERS PÈLERINS.

Le bruit du merveilleux événement du 19 septembre, ne reste point enfermé dans les limites du canton de Corps. Porté par toutes les voix de la renommée et de la presse, il retentit bientôt par toute la France, et presque dans l'univers entier. De petites relations, écrites en prose ou en vers, popularisent la connaissance de l'Apparition; et des ouvrages sérieux, racontant et discutant le fait, ne tardent pas à paraître. En apprenant cette merveilleuse nouvelle, beaucoup d'âmes croient aussitôt à une manifestation de la Mère de Dieu; d'autres, avant d'admettre comme certain un tel prodige, veulent en étudier sérieusement les circonstances et en peser les preuves. Mais, tout esprit judicieux sent qu'on ne peut traiter un tel événement avec dédain, ni même avec indifférence, sans s'exposer à rejeter un avertissement du ciel. Soit dévotion, soir désir de voir par soi-même les lieux et les témoins du Fait, on veut visiter la montagne.

Dès le matin du lundi 21 septembre 1846, plusieurs habitants de la Salette se rendent dans le ravin creusé par la Sézia, et à côté de la source appelée dans le pays la *petite Fontaine*. Quel n'est pas leur étonnement, quand ils voient une eau limpide jaillir avec assez d'abondance, la même où la *Belle Dame* s'était assise! Jusqu'alors, cette fontaine n'avait coulé qu'à des intervalles irréguliers, après de grandes pluies ou après la fonte des neiges. Le 19 septembre, à midi, les deux enfants, la trouvant tarie,

avaient dû étancher leur soif à la *Fontaine des Hommes.*
Coulait-elle le soir du même jour, après la merveilleuse
vision? C'est ce que Maximin et Mélanie ne songèrent
point à remarquer. Le lendemain, 20 septembre, personne n'alla visiter les lieux de l'Apparition. Mais depuis
le lundi 21, cette source a résisté aux plus longues séche-
resses, et n'a cessé de répandre ses eaux, nées des larmes
de Marie, et touchant emblème des grâces qui découlent
du Cœur de cette tendre Mère. C'est là que, depuis lors,
viennent puiser avec avidité des milliers de pèlerins; et
les gouttes de cette eau, répandues par la piété à travers
le monde, ont opéré des prodiges. Aussi la petite fontaine
a-t-elle changé son nom en celui de *Fontaine miraculeuse.*

Le dimanche 27 septembre, M. Peytard veut interroger
les deux bergers sur le lieu même du miracle. Il les y
conduit donc tous deux. Plusieurs personnes les y accompagnent. Afin de remarquer d'une manière précise le sentier qu'a suivi la *Belle Dame,* M. le Maire exige que les
deux enfants le parcourent sous ses yeux, à diverses
reprises.

Le lendemain 28, c'est M. Mélin, curé-archiprêtre de
Corps, qui gravit la montagne; Mélanie et Maximin le
suivent avec cinq autres personnes. Afin de conserver la
pierre sur laquelle la sainte Vierge s'était assise, M. Mélin
a l'heureuse pensée de la faire descendre à la cure.

Les jours suivants amènent dans le vallon de l'Apparition de nouvelles visites. Le 17 novembre, les membres
de la Confrérie des Pénitents de Corps se rendent tous
ensemble sur la montagne. Plusieurs personnes de la
même paroisse se joignent à eux. Marie Laurent, qui,
depuis vingt-deux ans, ne pouvait marcher qu'à l'aide de
béquilles, et qui, pendant sept ans, percluse de ses mem-

bres, avait été réduite à garder presque continuellement le lit, termine ce jour-là même une neuvaine en l'honneur de la Vierge, apparue à la Salette ; elle se recommande donc aux prières des Pénitents. Or, à l'heure même où ceux-ci récitent leur office, sur les lieux de l'Apparition, la malade se lève seule, marche sans béquilles, et se rend à l'église. Quelques heures après, quand le chant des cantiques l'avertit du retour des pèlerins, elle va se mettre en tête de la procession, entre Mélanie et Maximin qui ouvrent la marche ; tous les cœurs tressaillent d'étonnement et de joie.

Le 27 novembre, mille cinq cents personnes se trouvent réunies sur la montagne. Elles viennent de Corps et des paroisses voisines. Un temps affreux, la neige qui tombe à gros flocons, n'ont pu les arrêter. Pendant plus d'une heure, elles stationnent sur la montagne, priant et chantant les louanges de Marie.

Dès le printemps suivant, avant même que les neiges aient disparu, on voit accourir de loin des hommes de tout rang et de tout pays ; et ce concours continue durant toute la belle saison. M. l'abbé Bez, chanoine honoraire de Saint-Dié et d'Évreux, fit le pèlerinage au mois de mai 1847, et peu après publia sous ce titre : *Pèlerinage à la Salette*, le premier ouvrage important qui ait été écrit sur l'Apparition. Au mois de juillet, c'est Mgr de la Rochelle, depuis Son Eminence le cardinal Villecourt, qui ne craint pas de faire un voyage d'environ deux cents lieues pour visiter la Salette. C'est sans doute le premier évêque que les habitants de cette paroisse aient rencontré au milieu de leurs pauvres habitations. De retour dans sa ville épiscopale, l'illustre évêque de la Rochelle, voulant faire passer dans toutes les intelligences sa foi au miracle du

19 septembre, fit paraître un ouvrage intitulé : *Nouveaux Récits de l'Apparition de la sainte Vierge, sur les montagnes des Alpes.*

Le premier anniversaire de l'Apparition approche. Dès la veille, malgré le froid, la pluie et les brouillards, près de 1,500 personnes gravissent la montagne, et y passent la nuit, exposées à toutes les injures de l'air. A une heure après minuit, une immense procession se met en route, elle couvre, pendant presque toute la journée, les neuf kilomètres qui séparent Corps du plateau de l'Apparition, et verse d'heure en heure, sur ces sommets vénérés, des milliers de pèlerins. Bientôt, cinquante mille visiteurs, parmi lesquels on compte deux cent cinquante prêtres, couvrent la montagne. Et dans cette foule immense, pas le moindre désordre ; on n'entend que des chants d'amour à la Reine du Ciel.

Après cela, pourrait-on être surpris d'apprendre que, durant cette première année, le nombre des pèlerins se soit élevé à cent mille ? Dans sa lettre, datée du 11 juin 1848, Mgr Dupanloup porte à plus de deux cent mille le nombre des visiteurs qui, avant lui, avaient interrogé les témoins ou les lieux de l'Apparition.

XI

PREMIERS FRUITS.

Un tel concours dans une contrée inconnue étonne tout esprit attentif ; mais qui ne serait frappé plus vivement encore, à la vue de l'impression dont tous les cœurs sont saisis dans ce vallon solitaire, auprès de la miraculeuse source ? Il semble que les rayons de la lumière qui environnait l'Apparition brillent encore dans ce ravin, pour dissiper les hésitations et embraser toutes les âmes. Ceux que la foi amène en ces lieux baisent avec vénération cette terre arrosée des pleurs de Marie ; ils s'agenouillent aux pieds des modestes croix de bois, plantées, bientôt après l'apparition, pour marquer les endroits où la divine Messagère a posé les pieds. On se dispute les brins d'herbe, la terre, les petites pierres, qui se sont trouvés sur son passage, et l'on boit à longs traits l'eau bienfaisante qu'elle a fait jaillir du rocher. Est-on venu par curiosité, n'importe ; comme sous le poids d'une force surnaturelle, on tombe à genoux, on prie avec les autres, et on se relève croyant. Les larmes du repentir coulent abondantes, et chacun se promet de consoler, par une vie sainte, la Vierge de la Salette. Ces détails sont rapportés par tous les auteurs consciencieux, qui ont fait l'histoire des premières années du pèlerinage ; et les nombreux témoins encore vivants, qui ont eu sous les yeux le spectacle de cette foi digne des premiers âges, n'en parlent, aujourd'hui encore, qu'avec admiration.

L'élan religieux puisé sur la montagne se répandit aussi à la Salette, à Corps et dans les paroisses voisines. Avant l'Apparition, les habitants de ces montagnes avaient presque oublié les lois de Dieu et de son Église. Un grand nombre d'hommes y négligeaient d'accomplir le devoir pascal. Les blasphèmes étaient fréquents. Les jours du Seigneur étaient souvent attristés par une coupable indifférence, ou par de sacrilèges travaux. Rarement on observait l'abstinence et les jeûnes prescrits.

Mais après le grand événement du 19 septembre, la voix des deux bergers a été plus efficace que ne l'avait été jusque-là celle des pasteurs et des missionnaires. On a vu les églises se remplir, les fidèles se presser autour de la chaire et du tribunal de la pénitence. Dès lors, presque plus de travaux défendus, le dimanche ; presque plus de blasphèmes. On était comme atterré sous ce grand coup du Ciel, et on priait avec ferveur. La Table Sainte ne resta plus déserte ; c'est à peine si, à Corps, trente hommes, sur une population de plus de 1,300 habitants, négligèrent l'accomplissement du devoir pascal en 1847.

A la vue d'un tel changement, chacun put se dire : C'est l'œuvre de la Vierge Réconciliatrice.

XII

LA SALETTE ET L'AUTORITÉ ÉPISCOPALE.

La paroisse de la Salette appartient au diocèse de Grenoble. Or, ce diocèse, qui honore Marie comme sa patronne, avait pour Evêque, au moment de l'Apparition, Mgr Philibert de Bruillard, vieillard vénérable, dont la sagesse égalait la piété. Consulté par un grand nombre de prêtres sur la conduite à tenir relativement au fait de la Salette, Mgr de Bruillard adressa à son clergé une circulaire, datée du 9 octobre 1846, dans laquelle il défendit, sous peine de suspense, de publier aucun miracle nouveau. Ce serait, en effet, mal servir les intérêts de la religion, que d'accréditer la croyance à un fait merveilleux, avant d'avoir étudié sérieusement sur quels fondements elle repose.

Cependant, le sage prélat recueillait dès lors des lettres nombreuses, des rapports circonstanciés sur l'Événement du 19 septembre. Il écoutait les récits des pèlerins, et faisait visiter la montagne et interroger les témoins du prodige, non-seulement par les curés de la Salette et de Corps, mais encore par les ecclésiastiques les plus respectables des cantons limitrophes. Il chargeait des prêtres distingués de sa ville épiscopale de lui rendre compte, même par écrit, des impressions qu'ils rapporteraient des lieux soigneusement explorés. Trois mois ne s'étaient pas encore écoulés depuis l'Apparition, et déjà Mgr de Bruillard avait entre les mains un volumineux dossier de pièces importantes relatives à ce Fait. C'est alors qu'il nomma, pour examiner ces pièces, deux commissions chargées de donner un avis motivé sur l'Événement de la Salette. L'une se composait des membres du Chapitre cathédral de Grenoble ; l'autre, des directeurs du Grand Séminaire. Leurs rapports, quoique rédigés séparément et sans aucune entente préalable, sont substantiellement identiques. Les deux Commissions y expriment le vœu qu'on ne décide encore rien, ni pour, ni contre l'Apparition ; qu'on n'entrave point le concours des populations sur la montagne merveilleuse ; et qu'on étudie attentivement le Fait. Sept mois s'écoulent encore, et le pèlerinage grandit ; on parle, en divers lieux, de miracles obtenus par l'invocation de N.-D. de la Salette ; et de nombreuses demandes, sollicitant une décision, arrivent de toute part à l'Évêché de Grenoble.

Par son ordonnance du 19 juillet 1847, Mgr de Bruillard nomme donc M. l'abbé Rousselot, chanoine et vicaire général honoraire, et M. l'abbé Orcel, supérieur du grand séminaire, commissaires délégués pour faire une enquête sur l'Événement de la Salette. M. Rousselot et M. Orcel se mettent à la recherche de tous les documents se rattachant au fait de l'Apparition; ils quittent Grenoble le 27 juillet 1847, parcourent neuf diocèses du midi de la France, et y recueillent les relations des grâces extraordinaires accordées à l'invocation de la Vierge apparue à la Salette. Le 25 août de la même année, ils se rendent sur les lieux du prodige, interrogent les enfants et plusieurs habitants de Corps et de la Salette, et dressent leur rapport en conséquence.

Ce rapport est lu et discuté devant une Commission, présidée par Monseigneur lui-même, et composée des deux vicaires généraux titulaires, des huit chanoines de la cathédrale, du supérieur du grand séminaire et des curés des cinq paroisses de la ville épiscopale. Du 8 novembre 1847 au 13 décembre suivant, cette nouvelle Commission tient, à l'Évêché, huit séances, à la suite desquelles Mgr l'Évêque de Grenoble et la grande majorité des membres de la Commission restent convaincus de la vérité de l'Apparition du 19 septembre. Les formalités prescrites par les saints canons étant remplies, Mgr de Bruillard avait dès lors le droit de porter sur l'Apparition un jugement doctrinal. Un décret du concile de Trente attribue en effet aux évêques le pouvoir *d'approuver et de publier* les miracles nouveaux qui s'opèrent dans leur diocèse ; et le cinquième concile de Latran leur reconnaît, dans certains cas, le droit de publier, après examen, une révélation nouvelle. Mgr de Bruillard attendit cependant quatre ans encore. Enfin, cédant aux vœux de son clergé, il fit paraître le remarquable Mandement, dans lequel il déclare l'Apparition du 19 septembre indubitable et certaine, et autorise le culte de N.-D. de la Salette. Nous devons ici citer au moins quelques passages de cet acte mémorable.

« .... Nous appuyant sur les principes enseignés par le pape Benoît XIV, et suivant la marche tracée par lui dans son immortel ouvrage : *De la béatification et de la canonisation des saints ;*

« Vu la relation écrite par M. l'abbé Rousselot, l'un de nos vicaires généraux, et imprimée sous ce titre : *La vérité sur l'Événement de la Salette...*

« Ouï les discussions en sens divers qui ont eu lieu devant nous sur cette affaire, dans les séances des 8, 15, 16, 17, 22 et 29 novembre, 6 et 13 décembre 1847 ;

« Vu pareillement ou entendu ce qui a été dit ou écrit depuis cette époque pour ou contre l'Événement ;

« Considérant, en premier lieu, l'impossibilité où nous sommes d'expliquer le fait de la Salette autrement que par l'intervention divine, de quelque manière que nous l'envisagions, soit en lui-même, soit dans ses circonstances, soit dans son but essentiellement religieux ;

« Considérant en second lieu que les suites merveilleuses du fait de la Salette sont le témoignage de Dieu lui-même se manifestant par des miracles, et que ce témoignage est supérieur à celui des hommes et à leurs objections ;

« Considérant que ces deux motifs, pris séparément, et à plus forte raison réunis, doivent dominer toute la question et enlever toute espèce de valeur à des prétentions ou suppositions contraires, dont nous déclarons avoir une parfaite connaissance ;

« Considérant enfin que la docilité et la soumission aux avertissements du Ciel peuvent nous préserver des nouveaux châtiments dont nous sommes menacés, tandis qu'une résistance trop prolongée peut nous exposer à des maux sans remède ;

« Sur la demande expresse de tous les membres de

notre vénérable Chapitre et de la très-grande majorité des prêtres de notre diocèse ;

« Pour satisfaire aussi la juste attente d'un si grand nombre d'âmes pieuses, tant de notre patrie que de l'étranger, qui pourraient finir par nous reprocher de tenir la vérité captive ;

« L'Esprit-Saint et l'assistance de la Vierge immaculée de nouveau invoqués, nous déclarons ce qui suit :

« ART. 1ᵉʳ. — Nous jugeons que l'Apparition de la sainte Vierge à deux bergers, le 19 septembre 1846, sur une montagne de la chaîne des Alpes, située dans la paroisse de la Salette, de l'archiprêtré de Corps, porte en elle-même tous les caractères de la vérité, et que les fidèles sont fondés à la croire indubitable et certaine.

« ART. 2. — Nous croyons que ce fait acquiert un nouveau degré de certitude par le concours immense et spontané des fidèles sur le lieu de l'Apparition, ainsi que par la multitude des prodiges qui ont été la suite dudit Événement, et dont il est impossible de révoquer en doute un très-grand nombre sans violer les règles du témoignage humain.

« ART. 3. — C'est pourquoi, pour témoigner à Dieu et à la glorieuse Vierge Marie notre vive reconnaissance, nous autorisons le culte de N.-D. de la Salette; nous permettons de le prêcher et de tirer les conséquences pratiques et morales qui ressortent de ce grand Événement.

. . . .

« Donné à Grenoble, le 19 septembre 1851.

« † PHILIBERT, *Évêque de Grenoble.* »

L'Apparition est donc désormais un fait jugé par le tribunal ecclésiastique, dans le ressort duquel elle a eu lieu.

Les témoins ont été entendus ; on a pesé la valeur de leur témoignage ; la sentence canonique a été rendue ; désormais la mission des enfants est finie, celle de l'Église commencer. Si à l'avenir ces enfants étaient infidèles aux grâces qu'ils ont reçues, le fait de la Salette n'en saurait être ébranlé.

Comme on l'a remarqué, le Mandement autorisant le culte de N.-D. de la Salette porte la date du 19 septembre 1851. Ce n'est néanmoins que le 16 novembre suivant qu'il fut lu, dans les 600 églises ou chapelles du diocèse, à la grande joie de la presque totalité du clergé. Avant de le publier, Mgr de Bruillard avait voulu le soumettre au jugement du cardinal Lambruschini, préfet de la Congrégation des Rites. Son Éminence ayant indiqué quelques légères modifications, Monseigneur s'empressa de suivre ses conseils. Le jugement doctrinal sur le fait de la Salette fut accueilli avec bonheur par les nombreux fidèles qui, par toute la France et dans le monde, croyaient déjà à l'Apparition de la Mère de Dieu. Avec l'autorisation de la censure pontificale, le Mandement du 19 septembre 1851 fut publié à Rome dans divers journaux, et un grand nombre d'évêques donnèrent leur adhésion au jugement de Mgr de Bruillard, les uns d'une manière publique, les autres dans des lettres privées.

Un second Mandement, daté du 1er mai 1852, annonce la bénédiction solennelle de la première pierre du sanctuaire, qu'on entreprend de bâtir sur la montagne de l'Apparition. Par le même acte, Mgr l'Evêque de Grenoble, institue la communauté des Missionnaires de N.-D. de la Salette, destinés à être les gardiens du pèlerinage, et à faire connaître les enseignements de la divine Messagère.

La cérémonie de la pose de la première pierre du nouveau sanctuaire eut lieu le 25 mai 1852. Elle fut présidée par Mgr de Bruillard, assisté de Mgr de Chatrousse, évêque de Valence. La montagne se couvrit en ce jour de 15,000 pèlerins.

XIII

ROME ET LA SALETTE.

Autorisé par Mgr l'Évêque de Grenoble, le culte de N.-D. de la Salette a été béni par l'immortel Pie IX, qui était, depuis quelques mois seulement, assis sur le Siége de saint Pierre, quand eut lieu l'Apparition. Il semble qu'en se montrant alors inondée de pleurs et environnée de gloire, la Vierge ait voulu présager à cet auguste Pontife toutes les douleurs et tous les triomphes de son règne. C'est peu après la publication du jugement doctrinal de Mgr l'Évêque de Grenoble que Sa Sainteté se plut à répandre des trésors spirituels sur les pèlerins, les missionnaires de N.-D. de la Salette, et sur les membres de la Confrérie établie sous son vocable.

Un rescrit du 24 août 1852 déclare privilégié à perpétuité le maître-autel du sanctuaire de la Salette. Un autre rescrit du 26 du même mois permet, à tous les prêtres qui vont à la Salette, de dire la messe votive de la sainte Vierge tous les jours, excepté les grandes fêtes et les féries privilégiées.

Par un bref daté du même jour, Sa Sainteté accorde, entre autres faveurs, aux membres de la Confrérie de N.-D. de la Salette, une indulgence plénière 1° à leur entrée dans l'association ; 2° à l'article de la mort ; 3o une fois chaque année, le jour de la fête principale de la Confrérie. Cette association, que la bénédiction du Saint-Père a fécondée, remonte aux commencements du pèlerinage. M. Louis Perrin, qui, quelques jours après l'Apparition, succéda comme curé de la Salette à M. Jacques Perrin, sentit bientôt le besoin d'enrôler ses paroissiens sous la bannière de la Vierge, descendue sur l'une de leurs montagnes, pour réconcilier les pécheurs avec son divin Fils. Avec l'autorisation de Mgr l'Évêque, il ouvrit, dans le cours du mois de mai 1848, un registre où les habitants de la Salette s'empressèrent de faire inscrire leurs noms, protestant par cette démarche qu'ils voulaient être dociles aux enseignements de la divine Messagère. De nombreux pèlerins, dès qu'ils eurent connaissance de cette association, voulurent en faire partie, de sorte qu'après quinze mois d'existence, la Confrérie de N.-D. Réconciliatrice de la Salette compta 16,000 associés.

Un bref du Souverain Pontife, daté du 7 septembre 1852, l'érigea en Archiconfrérie, et lui conféra la faculté de communiquer les priviléges dont elle est enrichie, aux autres associations qui se formeraient dans le monde sous le même vocable. En 1871, le nombre des Confréries affiliées à l'Archiconfrérie de N.-D. de la Salette s'élève à plus de 400, répandues par tout l'univers, et surtout en France, en Italie, en Belgique, en Espagne, en Hollande et en Angleterre. Les fidèles qui en font partie sont innombrables.

Par un bref, daté du 3 septembre 1852, le Saint-Père accorde une indulgence plénière à tous ceux qui visitent le sanctuaire du pèlerinage. Par un autre bref du même jour, une indulgence plénière est accordée aux fidèles, qui suivent les exercices des missions ou des retraites prêchées par les missionnaires de N.-D. de la Salette.

Nous ne mentionnerons pas toutes les autres faveurs spirituelles, par lesquelles le Souverain Pontife a encouragé la dévotion à Marie apparue sur une montagne des Alpes ; mais nous ne pouvons passer sous silence l'indult du 2 décembre 1852. Par cet acte remarquable qui témoigne hautement de la bienveillance avec laquelle l'immortel Pie IX favorise le culte de la Vierge Réconciliatrice, Sa Sainteté, sur la demande de Mgr l'Évêque de Grenoble, permet de solenniser chaque année l'anniversaire de l'*Apparition (ipso Apparitionis die)*, le 19 septembre ou le Dimanche suivant, dans toutes les églises du diocèse, par une messe solennelle et le chant des vêpres en l'honneur de la sainte Vierge.

Le même indult autorise tous les prêtres du diocèse de Grenoble à honorer la mémoire de cette Apparition, *memoriam hujus Apparitionis recolere*, par la récitation de l'Office, et la célébration de la messe du Patronage de la sainte Vierge.

On sait, de plus, que, depuis le 6 août 1867, le culte de N.-D. de la Salette est établi publiquement à Rome. Avec l'autorisation de Son Éminence le cardinal Patrizi, vicaire de Sa Sainteté, un tableau, représentant l'Apparition, est exposé à la vénération des fidèles, dans l'église du Saint-Sauveur *in thermis ;* et dans la même église, la Confrérie de N.-D. Réconciliatrice a été érigée et enrichie de nombreuses indulgences, par le Saint-Père lui-même, le 16 octobre 1870.

XIV

GUÉRISONS MERVEILLEUSES OBTENUES PAR L'INVOCATION DE N.-D. DE LA SALETTE.

La foi simple avec laquelle un grand nombre d'âmes invoquèrent N.-D. de la Salette, presque aussitôt après sa glorieuse manifestation à deux pauvres pâtres, ne tarda pas d'être récompensée. Le Ciel vint, par des prodiges, opérés sur la montagne et par tout l'univers, témoigner aussi de la vérité de l'Apparition.

M. l'abbé Perrin (1), prêtre d'un esprit sérieux, qui, pendant les premières années du pèlerinage, a desservi le sanctuaire, nous a laissé de précieux manuscrits. Or, voici ce que nous y lisons : « En 1849, les lettres et les autres témoignages, que nous avons entre les mains, portent au moins à 80 le nombre des guérisons merveilleuses obtenues depuis deux ans et demi. » Trois ans et six mois après le 19 septembre 1846, M. Perrin écrivait encore : « Nous pouvons, les pièces en main, attester que plus de 250 guérisons ont été obtenues par l'invocation de N.-D. Réconciliatrice de la Salette et par l'usage de l'eau de la *Fontaine miraculeuse.* »

Dans ses ouvrages sur l'Apparition, qui tous ont été écrits après de sérieuses recherches, et sont revêtus de l'approbation de Mgr l'Évêque de Grenoble, M. l'abbé Rousselot rapporta près de 50 guérisons extraordinaires, attestées par des témoins graves et consciencieux. Les ar-

____
(1) Frère de M. le Curé de la Salette, et son coadjuteur.

chives du pèlerinage possèdent quatre volumes de lettres qui, pour la plupart, rendent compte de faveurs signalées, dues à la médiation de N.-D. Réconciliatrice. Les *Annales* de la Salette, qui, depuis mai 1865, paraissent tous les mois, avec l'approbation de Mgr l'Évêque de Grenoble, ont souvent à publier des faits de ce genre; encore ne reproduisent-elles pas toutes les relations qui arrivent au Pèlerinage de toutes les contrées de la terre. On comprendra donc qu'il nous est impossible d'énumérer, dans cet opuscule, toutes ces faveurs de la Vierge de la Salette. Encore moins pourrons-nous en donner le récit; mais nous devons faire connaître brièvement celles qui ont été l'objet d'une enquête canonique, et qui ont été jugées *vraiment miraculeuses* par les tribunaux ecclésiastiques desquels elles ressortissaient.

La première est la guérison opérée le 21 novembre 1847, en la personne de mademoiselle Mar ie-Antoinette Bollenat, d'Avallon (Yonne). Le docteur Gagniard, qui donna ses soins à mademoiselle Bollenat, depuis 1830 jusqu'à 1847, décrit ainsi l'état de la malade :

« Mademoiselle Bollenat, âgée de trente-trois ans, avait eu une bonne santé jusqu'à l'âge de douze ans. A cette époque, elle fut jetée à terre, et accablée de coups par une femme, qui, en même temps, lui appuya violemment le genou sur la poitrine et sur la région épigastrique. A partir de ce moment, elle a toujours souffert de l'estomac; et, un an après, en 1828, les vomissements commencèrent et se continuèrent, avec quelques rares intermittences, jusqu'en 1843. Depuis ce temps, les vomissements n'ont point cessé, c'est-à-dire que le moindre aliment : une cuillerée de lait, de bouillon, d'eau même, était presque toujours rejeté.

« En 1840, les douleurs d'estomac devinrent intolérables au moindre contact. A peine la main effleurait-elle la peau, qu'une syncope, produite par la douleur, se manifestait. Je profitai d'une de ces syncopes pour palper la région épigastrique, où je découvris alors une tumeur grosse comme un œuf. Cette tumeur allait toujours en augmentant, et, dans ces derniers temps, elle occupait la région épigastrique entière. Elle n'offrait aucun des caractères d'un anévrisme, je la crus squirreuse.

« Les syncopes devenaient de plus en plus fréquentes et longues. Elles duraient de dix minutes à une, deux, et même une fois trois heures, et cela au moindre contact. Les douleurs, le séjour au lit depuis trois ans, la diète absolue avaient réduit la malade à un état de maigreur et de faiblesse extrême. Sa voix était éteinte ; fièvres, sueurs nocturnes, douleurs épigastriques atroces... Depuis huit jours, on n'avait pu changer la malade de lit... Je la quittai en prévenant les parents que je ne pouvais plus rien faire, que tout remède était inutile, et qu'il fallait laisser mourir cette pauvre fille en repos, ce qui ne pouvait tarder.

« Tel était l'état où se trouvait Antoinette Bollenat, le 19 novembre 1847. Je n'y retournai pas le 20 ; mais le 22, on vint me dire que le 21 au soir elle était guérie. Je ne crus pas d'abord à cette guérison ; mais le lendemain 23, quand je vis ma malade levée, venant au-devant de moi avec un air de bonheur indicible, restant debout tout le temps de la visite ; quand je la trouvai sans douleur, digérant tout, ne vomissant rien ; quand j'eus palpé avec force et avec le plus grand soin les régions naguère si douloureuses ; quand surtout je ne sentis plus de tumeur, il fallut bien me rendre à l'évidence.

« Depuis cette époque, Antoinette Bollenat marche, mange et dort, comme on le fait en parfaite santé... En foi de quoi j'ai délivré le présent certificat que je déclare sincère et véritable.

« Avallon, le 4 décembre 1847.

« GAGNIARD, *docteur médecin.* »

Comment s'était opéré, dans l'état de la malade, un changement si prodigieux ? Mademoiselle Bollenat avait fait en l'honneur de N.-D. de la Salette une neuvaine, pendant laquelle elle avait pris chaque jour trois cuillerées d'eau de la Fontaine miraculeuse. Or, le 21 novembre 1847, dernier jour de la neuvaine, quelques heures après avoir pris sa dernière cuillerée d'eau de la Salette, elle se trouva subitement et complétement guérie. Mgr Mellon Jolly, archevêque de Sens, nomma une commission pour examiner ce fait prodigieux, et après les procédures canoniques, il prononça son jugement :

« Mellon Jolly, par la miséricorde divine... archevêque de Sens ;...

« Vu le rapport de la commission, nommée par nous, le 24 janvier 1848, pour procéder à une enquête juridique sur les faits relatifs à une guérison extraordinaire, arrivée à Avallon le 21 novembre 1847, sur la personne d'Antoinette Bollenat, après une neuvaine à la très-sainte Vierge ;

« Vu les interrogatoires des témoins et médecins... vu les certificats et pièces annexés à ces interrogatoires... après avoir pris l'avis de notre conseil, le saint Nom de Dieu invoqué, déclarons que la guérison d'Antoinette Bollenat, opérée le 21 novembre 1847, après une neuvaine à la très-sainte Vierge, INVOQUÉE SOUS LE NOM DE

N.-D. DE LA SALETTE, présente toutes les conditions et tous les caractères d'une guérison miraculeuse, et constitue un miracle du troisième ordre.

« Donné à Sens, le 4 mars de l'an de grâce 1849.

« † MELLON, *archevêque de Sens.* »

Par l'usage de l'eau de la Fontaine miraculeuse, M. l'abbé Martin, clerc-minoré du diocèse de Verdun, malade depuis trois ans, s'est vu instantanément guéri le 1er avril 1849, premier jour d'une neuvaine en l'honneur de N.-D. de la Salette. Les directeurs et plus de cent élèves du grand séminaire, qui furent les témoins de cette guérison, y virent tous un miracle obtenu par la média-tion de la Vierge Réconciliatrice. Un jugement de Mgr l'évêque de Verdun, rendu le 1er août 1849, *déclare incontestable et certain le fait de cette guérison instantanée et bien soutenue.*

Citons encore la sentence épiscopale portée par Mgr Villecourt, quelque temps avant son élévation au cardinalat :

« Clément, par la grâce de Dieu, etc., évèque de la Rochelle et de Saintes, etc...

« Après avoir entendu plusieurs fois M. Dières-Monplaisir, curé doyen de la paroisse Saint-Martin, île de Ré, dans notre diocèse, sur la guérison subite d'une de ses paroissiennes, madame Bonnet, atteinte depuis plusieurs années d'une maladie qui était jugée par tout le monde incurable, et qui, néanmoins, a été radicalement guérie à la suite d'une neuvaine faite à *N.-D. de la Salette ;*

« Ouï le témoignage spontané et impartial de plusieurs personnages ecclésiastiques et séculiers, hors de tout soup-çon de supercherie et d'imprudence, qui avaient vu et

3*

connu ladite dame durant sa langueur, qu'ils avaient, ainsi que tant d'autres, regardée comme mortelle ;

« Après avoir fait un examen attentif et sérieux du procès-verbal demandé à M. Kemmerer, docteur médecin dans l'île de Ré, lequel avait attesté l'impuissance absolue de tous les remèdes humains à l'égard de ladite malade, dont il atteste cependant la guérison authentique et surhumaine ; — notre Conseil réuni et consulté, les lumières du Saint-Esprit invoquées, avons prononcé et prononçons que la guérison instantanée de ladite dame Bonnet ne peut être attribuée qu'à une intervention surnaturelle, et que cette guérison, qui s'est opérée subitement et contre toute prévision humaine, a eu lieu à la suite de la neuvaine ci-dessus mentionnée à *N.-D. de la Salette.* Nous ne balançons pas à croire que ce fait merveilleux est dû à la protection de la Reine du Ciel, qui a voulu récompenser par ce nouveau bienfait la confiance et la piété de sa fidèle servante, en ajoutant ce prodige à tant d'autres qui, de nos jours, attestent les heureux résultats de l'intercession de Marie auprès de son Fils.

« Donné à la Rochelle, le 12 janvier 1855.

« ✝ CLÉMENT, *évêque de la Rochelle et de Saintes.*

V

CONVERSIONS REMARQUABLES.

Réconcilier les hommes avec son divin Fils, telle est la mission qu'est venue remplir la Vierge Marie sur la montagne de la Salette. Aussi, des conversions éclatantes ont été un des premiers et des principaux fruits de son Apparition; et on l'a invoquée dès le commencement sous le titre de N.-D. Réconciliatrice des pécheurs.

Nous avons déjà dit un mot de l'élan religieux et du changement extraordinaire qui se manifestèrent en 1847 à la Salette, à Corps et dans les pays voisins; mais depuis, que de prodiges de grâce opérés par la médiation de la Vierge de la Salette!

Mgr Ullathorne, évêque de Birmingham, qui a visité la montagne en 1854, n'a pas craint de publier qu'à ses yeux, *une des grandes merveilles religieuses de notre époque*, c'est la conversion des hommes qui, dans le pèlerinage de la Salette, sont passés subitement de l'indifférence ou du vice à la plus ardente piété. « Un grand nombre de pécheurs endurcis, ajoute cet illustre prélat, ont aussi été convertis par les prières, les neuvaines et les pèlerinages que leurs amis avaient faits pour eux à N.-D. de la Salette. Beaucoup de ces faits sont connus dans l'intérieur des familles, mais on comprend qu'il est impossible de les révéler au public... » Il en est cependant un certain nombre qui ont pu être publiés sans indiscrétion, soit dans les ouvrages écrits sur l'Apparition du 19 septembre, soit dans les *Annales de N.-D. de la Salette*. Nous allons en reproduire quelques-uns. — Le 19 septembre 1855, le rédacteur d'un journal à la façon du *Siècle*, devenu pèlerin de la Salette, racontait ainsi sa conversion à un prêtre, dont il avait servi la messe au Pèlerinage, ce jour-là même :

« Vous voyez devant vous, disait-il, un vieux pécheur, un converti de la Salette, et je fais pénitence en servant la messe..... Voici comment je suis ici..... Ayant souvent l'occasion d'insérer dans les colonnes de mon journal des articles relatifs au miracle récent de la Salette, je résolus, il y a trois ans, de pousser jusqu'ici mes courses de vacances, non pas pour m'édifier, ni pour défendre la vérité, je ne supposais pas qu'il y eût vérité.... Arrivé ici, je n'y rencontrai ni superstition, ni cupidité, ni ruse, pas même cette habileté qu'on met aujourd'hui partout, et, au lieu d'y trouver des armes contre les adversaires, je me sentis désarmé moi-même. Je partis fort pensif.... Croiriez-vous que, toute cette année, je ne pus me défaire de cette pensée de la Salette? Cela me revenait toujours et me troublait. Enfin, je pris un jour la résolution d'y retourner secrètement, pour l'acquit de ma conscience, et de voir sérieusement, sans prévention, ce qu'il en était. Je tins parole, et j'y passai plusieurs jours..... J'assistai à plusieurs exercices et j'y priai Dieu, je fus touché, très-ébranlé, mais pas encore converti. Comment faire? Comment dire que je désertais mes opinions avancées sur certains points, pour me faire précisément une conquête de la Salette?

« Je m'en revins plus troublé que la première fois..... Tout ce que j'avais lu dans saint Augustin me revenait en mémoire; et je voyais avec effroi qu'il en était ainsi de moi, que je croyais plus que je ne voulais croire, et surtout plus que je ne voulais faire. Fatigué de cette lutte, dans un de ces moments que Dieu ménage à notre faiblesse, je pris de nouveau la résolution de venir une troisième fois sur cette terre, et d'en sortir vainqueur ou vaincu, chrétien pratiquant, ou, comme autrefois, franchement opposé; pas de demi-mesures, pas de ligne oblique, droit au but. Dès lors, je fus tranquille; mais, cette résolution prise, je sentis déjà que je penchais d'un côté beaucoup plus que de l'autre; et, comme j'avais du temps devant moi, je me disais : S'il le faut, je le ferai. Je suis revenu, j'y ai fait une retraite, mon confesseur m'a jugé digne d'être admis à la sainte communion, toutes mes perplexités se sont évanouies. Je sens mes fautes et ma faiblesse, et, comme j'ai donné l'exemple, à ma famille et à mes amis de l'indifférence et de la lâcheté en religion, je suis résolu de me poser franchement dès en arrivant. D'ailleurs, cela devient une nécessité ; depuis deux ans, on sent autour de moi que je ne suis plus le même, et je ne veux pas rester dans un demi-jour. J'apprends à servir la messe, parce qu'au besoin je veux faire comme des hommes que je respecte et que j'estime, montrer à tous qu'étant chrétien, je n'en rougis pas ; c'est tout à la fois une pénitence et une justice (1). »

Le 8 septembre 1868, à six heures du soir, un nombreux clergé est réuni dans l'abside du sanctuaire de N.-D. de la Salette. Les pèlerins se pressent de chaque côté du chœur. Mgr l'Évêque de Grenoble, arrivé la veille au Pèlerinage, se rend, revêtu du surplis et de l'étole, devant l'autel de l'Immaculée Conception. Voici qu'une personne, jeune encore, vêtue de blanc, traverse les rangs serrés des pèlerins. Tous les regards sont tournés vers elle, et sur ses traits on n'a pas de peine à lire la joie et les douces émotions qui pénètrent son âme. C'est une dame protestante, alliée à une des grandes familles du midi de la France. Depuis quelques jours, elle se trouve sur la montagne, où elle a accompagné une de ses parentes. La lumière de la Foi a brillé aux regards de son intelligence. Elle reconnaît que la religion catholique est la seule véritable, et elle prie Monseigneur de la réconcilier

(1) Voir *Les Sanctuaires de Marie*, par l'abbé Boisnard.

avec l'Église. Craignant avec raison que le baptême reçu dans sa secte n'ait été invalide, elle demande à Sa Grandeur de faire couler sur son front l'eau sainte qui purifie les âmes. Elle sollicite cette faveur avec une conviction si profonde qu'il n'est pas possible de la lui différer; Mgr l'Evêque de Grenoble lui administre donc le Baptême et, immédiatement après, la Confirmation (1).

Une famille comptait huit membres : trois sœurs et cinq frères, dont quelques-uns avaient oublié leurs devoirs de chrétiens. Pour obtenir leur retour aux pratiques religieuses, une neuvaine et un pèlerinage furent faits à N.-D. de la Salette. On jugera si la Vierge Réconciliatrice a exaucé les prières qui lui ont été adressées. Aucun des membres de cette famille, dont le moins âgé avait soixante-cinq ans, n'habitait la même commune. Tous, cependant, après s'être confessés, se sont réunis auprès d'un de leurs frères infirme. La réunion a commencé le soir. Le lendemain, tous, sauf l'infirme, sont allés ensemble à l'église. C'était un jour de semaine. Ils ont entendu la messe; et tous se sont approchés de la Table sainte en même temps, avec deux belles-sœurs et trois nièces qui s'étaient adjointes à eux. Après la messe, on a porté la sainte Communion à l'infirme. Deux de ses frères portaient le dais; deux autres, des cierges allumés; tous accompagnaient le saint Sacrement. On ne peut rendre l'émotion produite dans tout le pays par le spectacle touchant qu'offrait cette cérémonie. — Ces admirables frères ne se sont séparés qu'après avoir chanté ensemble un cantique d'actions de grâces. Celui d'entre eux qui s'est retiré le premier a dit aux autres, en les quittant : « Si nous ne pouvons nous

(1) *Annales de N.-D. de la Salette,* septembre 1868.

réunir sur la terre, qu'au moins nous nous retrouvions tous au ciel. » Il est mort le 16 mai 1868 (1).

On a vu des pécheurs briser tout à coup la chaîne de leurs criminelles habitudes, aussitôt après avoir pris quelques gouttes d'eau de *la Fontaine miraculeuse*, mêlées, à leur insu, à leurs aliments ou à leur boisson. La lecture des *Annales de la Salette* a suffi pour opérer des conversions remarquables, dont les relations sont entre nos mains. Des missions, entreprises dans les circonstances les plus difficiles, et placées sous la protection de N.-D. de la Salette, ont eu le plus brillant succès, et partout où est établi le culte de la Vierge Réconciliatrice ont été recueillis des fruits abondants de salut. Nous pourrions publier les témoignages de saints prêtres, de missionnaires zélés, attestant qu'à la prédication des enseignements de l'Apparition, est attachée une efficacité merveilleuse, pour ébranler et toucher les cœurs les plus endurcis.

Quelques mois après le 19 septembre 1846, Mgr Villecourt écrivait : « Le moment de ma visite pastorale étant venu, je crus, dans les avis que je n'ai jamais manqué de donner contre le blasphème et la profanation des saints jours, pouvoir appuyer mes paroles des menaces et des recommandations de la Reine du ciel. J'en parlai successivement dans vingt paroisses. Je dois dire que, partout, j'étais frappé de l'attention que l'auditoire donnait à mes récits. Une protection sensible du Ciel m'offrait dans chaque église une grande variété de langage. J'ai souvent remarqué que mes auditeurs étaient attendris jusqu'aux larmes, ce que j'attribuais sans peine à l'assistance de

(1) *Annales de N.-D. de la Salette,* février 1869. C'est dans le diocèse de Carcassonne qu'a eu lieu cette touchante réunion fraternelle.

Marie. Dans aucun lieu ne s'est manifesté le moindre signe d'incrédulité (1). »

La conclusion de ce chapitre sera celle même que tirait du sujet que nous traitons Mgr l'Evèque de Birmingham. « Ce sont là, écrivait-il, des faits que des catholiques ne chercheront pas à expliquer par des causes naturelles. Ils supposent nécessairement l'intervention de la grâce divine. Des grâces ordinaires n'expliqueront pas une suite de conversions si multipliées que celles qui ont été obtenues par le pèlerinage et la dévotion à N.-D. de la Salette. Le doigt de Dieu est là (2) ! »

XVI

DE L'OPPOSITION.

Une œuvre que Dieu a marquée du sceau des prodiges n'est point pour cela à l'abri des contradictions. La vérité n'a jamais pu se faire jour qu'en dissipant les nuages de l'erreur. Pour combattre l'Apparition de la Salette, on vit d'abord entrer en lice ces journaux que le surnaturel irrite, et qui ne reculent devant l'emploi d'aucun moyen pour faire la guerre aux miracles.

Le *National*, le *Censeur de Lyon*, le *Patriote des Alpes*, le *Siècle* s'efforcèrent à l'envi d'étouffer le retentissement d'un fait, qu'ils appelaient une imposture.

Ennemis irréconciliables du culte de la sainte Vierge, les

____

(1) *Nouveaux récits, etc.*, par Mgr Villecourt, Evèque de la Rochelle.

(2) *La sainte Montagne de la Salette,* par Mgr Ullathorne.

protestants se mirent aussi de la partie. Enfin, le miracle du 19 septembre trouva des adversaires jusque parmi les catholiques et même dans les rangs du clergé. Sur ce sujet contentons-nous de dire que quelques ecclésiastiques réunirent toutes les objections soulevées contre l'Apparition, dans un écrit intitulé : *Mémoire au Pape*, dont ils envoyèrent le manuscrit au Souverain Pontife, et qu'ils livrèrent *en même temps* à l'impression et à la publicité.

« Douloureusement étonné de cette injure qui était faite « au Saint-Siége, écrit à ce sujet Mgr Ginoulhiac, alors « évêque de Grenoble (1), nous nous empressâmes d'adres- « ser à N. S.-Père le Pape, avec l'expression de notre dou- « leur, une protestation contre cette publication même, « et nous suppliâmes Sa Sainteté de tracer la règle de « conduite que nous avions à suivre dans une circonstance « qui nous paraissait aussi grave que délicate.

« Dans la réponse que le Souverain Pontife a daigné « nous adresser, après nous avoir raconté qu'il avait reçu « d'abord un Mémoire anonyme sur l'affaire de la Salette, « et puis le même Mémoire imprimé, il flétrit cette publi- « cation en des termes que la bonté paternelle qui les « caractérise a, sans doute, voulu encore adoucir.

« Lorsque nous avons reconnu, dit le Saint-Père, que « l'opuscule imprimé n'était autre que le manuscrit qui

(1) Le Mémoire au Pape parut en 1854. A la fin de l'année 1852 Mgr de Bruillard, auquel un âge fort avancé faisait trouver plus lourd encore le fardeau de l'épiscopat, avait offert sa démission, et s'était retiré dans la solitude de Montfleury, près Grenoble, pour y terminer dans la retraite sa longue carrière remplie de mérites. L'illustre auteur de l'*Histoire du dogme catholique*, Mgr Ginoulhiac, lui succéda sur le siége de saint Hugues. Préconisé évêque de Grenoble le 7 mars 1853, il fit, le 7 du mois de mai suivant, son entrée dans sa ville épiscopale.

« nous avait été adressé, nous n'avons pu ne pas nous
« étonner de cette manière d'agir d'hommes inconnus
« qui, au mépris des principes mêmes de la politesse la plus
« vulgaire, pour ne rien dire de plus, ont certainement
« prétendu nous susciter des embarras par la publication
« anonyme de cet écrit...

« Abordant ensuite successivement la question du Fait
« (de la Salette) et celle de la Dévotion, le Saint-Père
« ajoute : Quant au Fait qui a été publié en tant de ma-
« nières et qui a été reconnu par l'Evèque, votre prédé-
« cesseur, sur des preuves et des documents que vous avez
« certainement en main, rien ne s'oppose, dès que vous le
« trouverez à propos, à ce que vous puissiez l'examiner
« de nouveau et le démontrer publiquement.

« Quant à la dévotion, le Souverain Pontife nous exhorte
« à prendre garde en toutes manières que la dévotion et
« la piété filiale envers la Reine du Ciel qui fleurit si heu-
« reusement dans notre diocèse, s'y maintienne et prenne
« de jour en jour de nouveaux accroissements. Puis il
« ajoute ces paroles remarquables : Et, s'il en est besoin,
« c'est un devoir de votre charge et de votre sollicitude
« pastorale d'informer votre troupeau des périls qui envi-
« ronnent cette même dévotion et de le prémunir contre
« eux.

« En présence de ces graves avertissements du Chef
« suprême de l'Eglise, n'est-il pas évident que nous de-
« vons nous expliquer sur ce mémoire... et il nous sera
« malheureusement facile de vous y faire remarquer des
« réticences graves et réfléchies, des assertions hasardées
« ou même certainement fausses, des allégations sans
« fondement.... enfin des insinuations insidieuses quand
« elles ne sont pas ouvertement malveillantes. »

Dans son mandement du 4 novembre 1854, d'où nous avons extrait le passage que nous venons de citer, Mgr Ginoulhiac réfute avec une force et une précision de logique remarquables toutes les objections contenues dans le *Mémoire au Pape*, et il « condamne la publication de cet « écrit comme étant injurieuse au Saint-Siége et ayant été « faite sans autorisation, contrairement aux canons, aux « décrets du Concile de Lyon et aux statuts de son diocèse. « Il condamne de plus le livre en lui-même comme con- « tenant des allégations ou imputations injurieuses pour « son vénérable prédécesseur, et pour des prêtres respec- « tables de son diocèse, et en outre des assertions au moins « irrespectueuses à l'égard d'une dévotion qui y est légi- « timement établie et autorisée. »

XVII

AFFAIRE DE LAMERLIÈRE.

Avant l'année 1853, les contradicteurs de la Salette sou- tinrent que les deux enfants n'avaient rien vu sur la mon- tagne, que Maximin s'était rétracté à Ars.

Ce fut vers la fin de septembre 1850 que Maximin eut une entrevue avec le vénérable M. Vianney, curé d'Ars. Il a toujours assuré avec fermeté ne s'y être jamais dé- menti. Et si par on ne sait quel malentendu M. Vianney conçut, à la suite de cet entretien, quelques doutes sur l'Apparition, il est certain que depuis il y a cru sincère- ment. Il a eu recours à Notre-Dame de la Salette; il a encouragé les âmes à l'invoquer avec confiance, et il a obtenu aussi par son intercession des grâces extraordinaires, comme on s'en convaincra en lisant son histoire. En sorte que les hésitations de quelques jours de ce prêtre vénérable, faisant place à une ferme conviction, confirment au lieu d'infirmer le fait de la Salette.

Plus de six ans après l'Apparition, un des adversaires du miracle adopta un nouveau plan de campagne, sans prendre garde qu'il renversait tout l'échafaudage des suppositions précédemment entassées. Il imagina de mettre en scène mademoiselle de Lamerlière, et de lui prêter le rôle de la Belle Dame, apparue aux deux bergers. Cette fable, à laquelle personne ne croyait moins que ceux qui l'avaient inventée, trouva place néanmoins dans les écrits des contradicteurs du Fait de la Salette, et même dans le *Mémoire au Pape*.

Née d'une famille honorable, près de Saint-Marcellin (Isère), mademoiselle de Lamerlière était alors d'un âge assez avancé. Elle avait consacré sa vie aux bonnes œuvres. Par intervalles cependant, elle avait manifesté certaines excentricités qui lui avaient attiré la risée du public, avec la réputation d'esprit faible. Ne pouvant supporter l'imputation calomnieuse dont on la chargeait, le 8 octobre 1854, elle assigna en diffamation, devant le tribunal civil de Grenoble, deux des principaux contradicteurs du Fait de la Salette, leur demandant 20,000 francs de dommages-intérêts.

L'affaire est introduite à l'audience du 25 août 1855. Mademoiselle de Lamerlière est déboutée de sa demande. Elle interjette appel de ce jugement; et le 27 avril 1857, l'affaire est présentée devant la cour impériale de Grenoble, qui n'accorde pas non plus à mademoiselle de Lamerlière les dommages-intérêts qu'elle réclame.

Il est à remarquer que le Fait de la Salette était en

dehors du procès et de la sentence (1). Les adversaires de l'Apparition avaient-ils eu l'intention de nuire à mademoiselle de Lamerlière; lui avaient-ils nui réellement? ou bien la réputation de mademoiselle de Lamerlière, qui déjà passait pour avoir quelques travers d'imagination et d'esprit, n'avait-elle souffert aucun détriment; pour tout dire, en un mot, l'imputation que faisaient peser sur elle les écrits des contradicteurs de l'Événement du 19 septembre 1846 avait-elle les caracères d'une diffamation dans le sens des lois? C'est là-dessus seulement que l'un et l'autre tribunal avaient à prononcer. Les deux jugements déclarent qu'il n'y a pas eu diffamation légale, et que, par conséquent, mademoiselle de Lamerlière n'a pas le droit de revendiquer 20,000 francs de dommages-intérêts. C'est tout. Les adversaires de la Salette semblent néanmoins triompher; et quelques croyants mal informés s'alarment.

C'est dans ces circonstances que Mgr Ginoulhiac écrit à un ecclésiastique la remarquable lettre qu'on va lire et qu'ont reproduite divers journaux :

Monsieur le curé,

Tranquillisez-vous et tranquillisez vos paroissiens. Personne ici, ni parmi les magistrats qui ont prononcé l'arrêt récent dont on a tant fait de bruit, ni parmi les gens sensés, ne croit que c'est Mademoiselle de Lamerlière qui a fait Apparition. Il y a eu preuve évidente dans le cours des débats qu'il y avait impossibilité physique que cette per-

---

(1) Le texte de l'arrêt de la cour l'exprime clairement. En voici les premières paroles : « *Attendu que la cour n'a à statuer que sur le point de savoir si mademoiselle de Lamerlière est fondée dans sa demande en dommages-intérêts, qu'elle a formée*, etc..... »

sonne eût joué ce rôle ; et, en fait, qu'elle était, le 19 septembre 1846, à Saint-Marcellin, c'est-à-dire à trente lieues de la Salette (1). Et cependant dans ces débats, on n'a pas tout dit. Je me charge de le faire moi-même pour en finir avec tous ces mensonges qui ici ne trompent que des sots, mais qui ailleurs peuvent surprendre des gens de bonne foi.

Vous pouvez dire hautement, Monsieur le curé, comme le tenant de moi, que la fable Lamerlière est la fable la plus stupide, la plus grossière et la plus ouvertement démentie par des faits certains, que des hommes haineux et de mauvaise foi aient pu imaginer, et qu'avoir recouru à cette supposition pour porter atteinte au fait de l'Apparition de la sainte Vierge sur la montagne de la Salette, c'est montrer qu'il n'y a aucune supposition raisonnable qu'on puisse opposer au miracle, et c'est par là même le confirmer.

M.-A., évêque de Grenoble.

Cette lettre répondait longtemps d'avance à certains publicistes qui de nos jours ne rougissent pas d'attribuer à mademoiselle de Lamerlière l'Apparition de la Salette et d'en donner pour preuve le jugement du tribunal de Grenoble. Cette vieille fable qu'ils n'ont pas su eux-mêmes inventer, revient souvent sous leur plume. Quand donc donneront-ils à leurs mensonges au moins le mérite de la nouveauté ?

(1) C'est en effet ce qu'établit clairement, dans son brillant plaidoyer, M. Jules Favre, avocat de mademoiselle de Lamerlière. Et M. Alméras-Latour, avocat général, dit dans son réquisitoire : « Il *est évident que mademoiselle de Lamerlière n'est pas allée à la Salette... Son alibi est devenu incontestable.* »

XVIII

LES DÉFENSEURS DE L'APPARITION.

S'il n'est point à notre époque de fait surnaturel qui ait subi autant de contradictions que l'Apparition de la Salette, peut-être n'en est-il point non plus qui ait eu autant et de si illustres apologistes.

Et ne devons-nous pas placer à leur tête le Pontife immortel qui a été comme l'âme de tout ce qui s'est fait de grand dans ce siècle, N. S.-P. le Pape Pie IX? « Car s'il est vrai, comme l'a dit un illustre Évêque, que le Souverain Pontife n'a pas prononcé de jugement sur le fait de l'Apparition... il ne l'est pas moins qu'il a donné à la dévotion de la Salette l'approbation la plus authentique... Par une exception bien rare, si elle n'est unique, il a autorisé, pour la consacrer, une fête spéciale dans le diocèse de Grenoble (1). »

Nous avons dit un mot précédemment de Mgr de Bruillard, sous le pontificat duquel a eu lieu l'Apparition, et qui a eu la gloire de la juger canoniquement. Ce vénérable Évêque voulut qu'après sa mort son cœur reposât dans le sanctuaire de la Salette, dont il avait béni la première pierre. Aujourd'hui, dans l'une des nefs latérales du sanctuaire, à gauche du chœur, tout près de la chapelle absidale dédiée à saint Philibert (2), on lit, sur

(1) Mgr Ginoulhiac.

(2) Mgr de Bruillard avait pour patron saint Philibert.

une table de marbre noir, une inscription latine dont voici la traduction :

« Mgr Philibert de Bruillard, évêque de Grenoble, fondateur de ce saint édifice, a voulu en mourant faire déposer ici son cœur, en témoignage éternel de son amour pour la B. V. Marie de la Salette. Digne de vivre dans la mémoire de tous les gens de bien, il mourut le 15 décembre 1860, à l'âge de 95 ans. »

A son illustre successeur, Mgr Ginoulhiac, était réservée par le ciel la mission de venger l'Apparition des attaques dont elle était l'objet. Mgr Ginoulhiac a été préconisé archevêque de Lyon le 27 juin 1870.

Nous avons déjà nommé Mgr Villecourt, Mgr Dupanloup, évêque d'Orléans, et Mgr Ullathorne, évêque de Birmingham, qui ont écrit en faveur de l'Apparition. L'ouvrage de Mgr Villecourt, évêque de la Rochelle, fut traduit en allemand dès 1848. *Le Pèlerinage à la sainte Montagne,* par Mgr Ullathorne, écrit en anglais, a été traduit en français et publié en France et en Belgique. En septembre 1855, Mgr Dupuch, premier évêque d'Alger, visitait les lieux sanctifiés par la présence de Marie ; et peu après, pour inviter les catholiques à se procurer les consolations dont ce pèlerinage avait inondé son âme, il publiait un écrit plein d'intérêt et de poésie, qui a pour titre : *Venez avec moi à la Salette.*

L'Apparition a trouvé un de ses plus infatigables défenseurs dans M. l'abbé Rousselot, professeur de théologie au grand séminaire de Grenoble, chanoine et vicaire général honoraire. Ce fut un devoir pour M. Rousselot d'étudier sérieusement le Fait de la Salette. Nommé avec M. Orcel, commissaire délégué pour en faire l'examen, il mit tout son cœur à l'accomplissement de cette tâche. Ayant acquis, de la certitude de l'Apparition, une conviction profonde, il ne négligea rien pour la faire partager à tous. Outre les divers opuscules que M. Rousselot publia, soit pour réfuter certaines objections soulevées par les contradicteurs de la Salette, soit pour fournir aux personnes pieuses un commentaire des enseignements de l'Apparition, nous avons de lui trois ouvrages importants sur l'Evénement du 19 septembre. Le premier qu'il écrivit a pour titre : *La Vérité sur l'Apparition de la Salette.* Il parut en 1848, et fut traduit bientôt après, en anglais, en allemand et en italien, et, plus tard, en espagnol. M. Rousselot ne se contenta pas de faire valoir au service de N.-D. de la Salette son talent d'écrivain et de polémiste. Pendant plusieurs années, il consacra ses vacances de professeur de théologie à recueillir les fonds nécessaires pour la construction de ce sanctuaire.

M. Rousselot est mort le samedi 12 août 1865, emportant les regrets de tout le clergé du diocèse de Grenoble, dont il était le modèle. Il avait professé les sciences sacrées au grand séminaire pendant cinquante-deux ans.

Le R. P. Laurent Heck, religieux bénédictin de N.-D. des Ermites, en Suisse ; M. Delchambre et M. Doyen, prêtres de Belgique ; M. Desgarets, chanoine de Lyon ; M. l'abbé Edouard Barthe, du diocèse de Rodez ; le R. P. Huguet, mariste ; M. Amédée Nicolas, avocat de Marseille ; M. Vuillet, officier en retraite, de Paris ; M. Jourdan, docteur en médecine ; M. Similien, professeur à l'école des Arts-et-Métiers d'Angers (1) ; mademoiselle

(1) Par son dévouement à l'œuvre de la Salette, M. Similien à mérité de recevoir, le 20 novembre 1869, un bref signé de la main de Pie IX lui-même, dans lequel le Saint-Père le loue des études longues et consciencieuses qu'il a faites pour *venger de la calom-*

des Brulais, de Nantes ; M. l'abbé Rouquette, de Toulouse, ont raconté et prouvé l'Apparition, dans des écrits qui se sont répandus par milliers d'exemplaires, en France et à l'étranger. Encore ne mentionnons-nous ici qu'un petit nombre des défenseurs de N.-D. de la Salette ; car onze Evèques, et plus de cinquante auteurs, prêtres ou laïques instruits, se sont faits les historiens et les apologistes de son culte.

XIX

LE PÈLERINAGE.

Les nombreuses contradictions que subit le miracle de la Salette, le zèle et l'autorité des défenseurs de l'Apparition, en faisant connaître par toute la terre ce Fait merveilleux, multiplièrent le nombre des croyants ; et les foules continuèrent à se porter avec empressement vers la montagne. Depuis le 19 septembre 1846 jusqu'à nos jours, ce concours a pu être ralenti, à certaines époques, par les perturbations politiques, il n'a jamais été interrompu. Dans les vingt-quatre années qui ont suivi le 19 septembre 1846, la Salette a reçu plus d'un million de visiteurs. A peine le soleil du printemps a-t-il diminué les monceaux de neige qui couvrent, pendant plus de six mois, les lieux de l'Apparition, que les pèlerins viennent vénérer cette

nie et de l'erreur l'histoire des premiers faits relatifs au sanctuaire de la Salette, et *des laborieux voyages qu'il a entrepris pour réunir les fonds nécessaires à l'érection d'un magnifique autel.* C'est en effet par les soins de M. Similien qu'a été érigé l'autel-majeur du sancuaire de la Salette.

terre sanctifiée par la présence de la Reine du ciel ; et ils se succèdent sans interruption, jusqu'à ce que le retour de l'hiver rende de nouveau ces hauteurs presque inaccessibles.

Aucun intérêt terrestre n'attire dans ce désert. Dans les environs de la Salette, point de ville d'eaux, point de cité fameuse par son commerce ou la magnificence de ses monuments. Il faut nécessairement faire en voiture les 63 kilomètres qui séparent Grenoble de Corps.

Point de chemin de fer pour abréger ce trajet, qui ne peut être parcouru qu'en sept longues heures. Jusqu'en 1853, on ne trouve sur la montagne que quelques pauvres cabanes et une chapelle en planches. N'importe ; les pèlerins accourent. Parmi eux, il en est qui ont fait à pied plusieurs centaines de lieues, avant d'arriver à Corps. Un plus grand nombre, après avoir voyagé jusque-là plus commodément, se condamnent à faire à pied la longue et pénible ascension de Corps au Pèlerinage. Tous, en se rencontrant aux pieds de Marie, semblent se reconnaître. Ils viennent cependant des contrées les plus diverses de mœurs et de langage ; car il n'est pas une des cinq parties du monde qui n'envoie des députés à la Vierge de la Salette. Ils appartiennent à toutes les conditions et à tous les rangs de la société ; néanmoins, *il semble qu'on soit de la même famille*, disait le journaliste dont nous avons raconté la conversion. « J'ai assisté cent fois, ajoutait-il, à des réunions nombreuses..., à des fêtes nationales, à des concours, je n'ai jamais remarqué ni senti que tous ces hommes fussent unis par un lien commun. Chacun y pense, y vit pour son compte. Ici, c'est une politesse amie et facile. Le pauvre et le riche disparaissent ; le prêtre et le fidèle sont de vieilles connaissances. »

Point de sourire railleur pour intimider une âme faible. L'indifférent qui aurait gravi ces hauteurs par complaisance pour un ami ou un parent, ne peut se défendre de l'émotion qui le pénètre malgré lui. Quoi de plus saisissant, en effet, que l'aspect grandiose de ces montagnes, s'élevant comme les murs gigantesques d'un temple dont la voûte est le ciel ? Que de monuments, qu'on ne peut contempler sans un religieux respect, sont enfermés dans cette enceinte ! Là sont les lieux de l'Apparition. Depuis le 24 juin 1847 jusqu'en 1868, quatorze croix de bois y ont marqué le sentier parcouru par la sainte Vierge. Les croix de fonte, qui ont pris leur place en octobre 1868, portent chacune un médaillon en bronze, représentant une des quatorze stations du Chemin de la Croix. Ici coule la *Fontaine miraculeuse*. Depuis 1864, trois groupes en bronze représentent les trois poses de la sainte Vierge et des deux bergers pendant l'Apparition. Elevées sur les lieux mêmes du miracle, ces statues, vrais chefs-d'œuvre de l'art chrétien, sont dues à la munificence de M. le comte de Pennalver, de Barcelone. A cinquante mètres de la Fontaine miraculeuse, au pied du Planeau, le sanctuaire, depuis 1860, ouvre aux pèlerins sa vaste et gracieuse enceinte. Ce superbe édifice, de style romano-byzantin, a trois nefs et sept travées. Il mesure, intérieurement, en longueur, 44 mètres 50 centimètres, et 15 mètres en largeur. Son élévation est de 18 mètres 50 centimètres. La façade a trois portes, et est flanquée de deux tours carrées qui, toutes deux, portent vers le ciel leurs grandes croix.

A gauche du chœur, une porte latérale s'ouvre sur le couvent des religieuses qui donnent l'hospitalité aux femmes ; et à droite, une autre porte latérale introduit dans l'habitation des Pères missionnaires, où sont reçus les hommes. Toutes ces constructions forment un tout admirablement coordonné. Les murs sont en marbre brut, de couleur grisâtre, extrait des flancs du mont Gargas. Les dépenses énormes, nécessitées par l'érection de ce gigantesque monument, ont été couvertes par les offrandes spontanées du monde catholique.

En face du Sanctuaire, mais à une plus grande élévation, sur le versant de la montagne des Baisses (1), et à une distance de plus de 100 mètres de la Fontaine miraculeuse, est érigée une petite chapelle romane, surmontée d'une belle statue de pierre qui représente Marie remontant au ciel. Bâtie en 1854, à l'endroit de l'assomption de la Vierge de la Salette, elle a dû, en 1866, céder sa place au groupe en bronze dont nous avons parlé. Et maintenant, au milieu du cimetière des Pères missionnaires, elle est comme un gage de l'immortalité bienheureuse, pour ceux dont les cendres reposent à son ombre.

Il n'est donc rien dans cette solitude qui n'élève l'âme, et ne transporte loin de la terre dans le sein de Dieu. Aussi que d'ardentes prières, que de larmes ont été répandues ; que d'aspirations généreuses et de nobles dévouements ont été puisés dans ces lieux ! Que d'âmes y ont été régénérées par le repentir ! Jamais les lampes qui brûlent jour et nuit dans le sanctuaire ne veillent seules devant le tabernacle ; il y a toujours des âmes ferventes devant le Dieu de l'Eucharistie. Durant la belle saison, on ne saurait descendre dans le ravin, où coule la Fontaine

____

(1) Cette montagne est une des trois qui enferment le plateau où s'élève le sanctuaire.

miraculeuse, sans rencontrer des pèlerins priant devant la Vierge en pleurs, ou faisant le chemin de la croix sur les lieux de l'Apparition.

Qui pourrait dire les consolations dont Marie inonde les âmes sur sa montagne ? Si nous interrogeons l'album où les pèlerins peuvent écrire leurs impressions, nous n'y trouverons, sous des expressions diverses, que ces mêmes sentiments : Heureux ceux qui habitent dans votre maison, ô Marie. Un seul jour passé dans votre sanctuaire vaut mieux que mille jours dans les fêtes du monde.

Les solennités religieuses, et surtout les fêtes de la sainte Vierge, amènent toujours un concours extraordinaire sur la montagne. Il n'est pas rare alors de voir les paroisses environnantes se rendre en procession au pèlerinage. Le 8 septembre 1854, on a vu réunies, à la Salette, jusqu'à quatorze paroisses, avec leurs pasteurs, leurs congrégations de jeunes filles et leurs confréries de pénitents. Il en est qui, après avoir passé en marche la nuit entière, n'arrivent au Pèlerinage qu'à une heure avancée de la matinée. N'importe, le pasteur célébrera la messe ; et un bon nombre de ses ouailles, encore à jeûn, feront la communion dans le sanctuaire de Marie.

Le 19 septembre est la grande fête de la montagne. En ce jour, le sanctuaire, trop étroit, ne peut contenir les pèlerins, qui encombrent le plateau et les lieux de l'Apparition. Dès la veille, la foule se presse autour de vingt-quatre à vingt-six confessionnaux. Les hommes ne sont pas les moins empressés de s'agenouiller aux pieds du prêtre, pour y déposer l'aveu de leurs fautes. Avant minuit, à la lueur des flambeaux, on fait solennellement le chemin de la croix sur les lieux de l'Apparition. Les messes commencent aussitôt après, et se succèdent sans interruption, quelquefois jusqu'à midi, et sur six autels à la fois. Pendant toute la matinée, la Table sainte est assiégée par les pèlerins, avides de se nourrir du Pain des Anges.

Au 19 septembre, et à diverses autres fêtes, les Missionnaires de la Salette ne peuvent seuls suffire à entendre les confessions; alors les prêtres, venus en pèlerinage, leur prêtent avec zèle leur concours. Le clergé, en effet, a compris qu'à lui surtout revient la mission de *faire passer*, par l'exemple et la parole, les enseignements de l'Apparition, *à tout le peuple* de Marie ; et chaque année, un grand nombre de prêtres visitent la montagne. On a pu en compter plus de 700 dans le cours du pèlerinage de 1867 ; et dans la seule année 1870, troublée par tant de sinistres événements, il en est venu de plus de 80 diocèses de France et de l'étranger.

Nous osons l'espérer, ces détails donneront une idée exacte du pèlerinage de la Salette ; mais il faut l'avoir fait pour comprendre les fortes et douces impressions que l'on en rapporte.

XX

LA CORRESPONDANCE.

Parmi les fidèles, répandus par toute la terre, qui croient fermement à l'Apparition, sans pouvoir se procurer le bonheur de visiter la montagne, un grand nombre adressent au Pèlerinage des lettres qui témoignent de leur confiance en la Vierge Réconciliatrice. Presque aussitôt après le 19 septembre 1846, une correspondance immense s'établit entre toutes les contrées du monde chrétien et les ecclésiastiques qui vivaient près des lieux où la Reine du Ciel avait daigné se montrer à la terre. Sans parler des lettres adressées à l'Evêché de Grenoble, nous dirons seulement que M. Mélin, curé-archiprêtre de Corps, en a reçu 1,500 du 19 septembre 1846 au 19 septembre 1847. M. Perrin, curé de la Salette, en recevait en moyenne 130 par mois, ce qui donne par an 1,560 lettres. Mais ce nombre s'est multiplié après qu'a été établie la Communauté des Missionnaires de N.-D. de la Salette. Depuis 1865 jusqu'à nos jours, près de 10,000 lettres arrivent chaque année au Pèlerinage.

Dans les premiers temps, on demandait des renseignements sur l'Apparition, on voulait en connaître les circonstances, les preuves et les suites. Bientôt après, on commença à demander de l'eau miraculeuse, quelques brins d'herbe, une fleur cueillie sur la montagne, ou bien un fragment de la pierre sur laquelle la Vierge s'était assise : aujourd'hui, tantôt on adresse à N.-D. de la Salette d'humbles suppliques, qu'on veut être déposées à ses pieds et n'être connues que d'Elle seule ; tantôt, et plus ordinairement, on charge le Supérieur des Missionnaires d'être, auprès de Marie, l'interprète des vœux qu'on adresse à cette Mère de miséricorde. Fréquemment on demande que le saint sacrifice soit offert, ou qu'une neuvaine de prières soit faite dans le sanctuaire. Par là, on espère obtenir quelqu'une des faveurs spirituelles ou temporelles dont N.-D. de la Salette est si prodigue : la conversion d'une âme qui est chère, la pratique de quelque vertu ou la guérison de quelque infirmité, le succès d'un commerce ou d'une œuvre de zèle... D'autres fois, on manifeste le désir de recevoir quelque objet pieux, bénit sur la montagne ; ou bien l'on fait le récit des grâces extraordinaires obtenues par la médiation de Marie.

Mais quels que soient le but de ces lettres, la contrée d'où elles arrivent, et la main qui les a écrites, toutes respirent un grand amour pour la Vierge de la Salette.

XXI

DIFFUSION DU CULTE DE N.-D. DE LA SALETTE.

Les progrès de la dévotion à la divine Réconciliatrice des pécheurs ne se manifestent pas seulement par le Pèlerinage et par la correspondance dont il est le centre ; c'est par toute la terre que la Vierge de la Salette répand des prodiges, et c'est par toute la terre qu'elle est publiquement honorée. Il s'est établi, ce semble, entre cette auguste Mère et ses enfants comme une sorte de rivalité sainte. D'un côté, c'est N.-D. de la Salette prodiguant à son peuple ses maternelles faveurs ; de l'autre, c'est le peuple de cette aimable Souveraine, s'efforçant de lui prouver qu'il n'est pas indigne de ses bienfaits ; et, comme monument de cette touchante lutte, s'élèvent partout des sanctuaires, des autels et des statues attestant, à la fois, et la clémence de la Vierge Réconciliatrice, et la reconnaissance de ses enfants.

En 1856, M. Rousselot écrivait : « Ce qui est particulier au sanctuaire de la Salette, ce qui le distingue absolument de tous ceux qui ont été érigés en mémoire d'un miracle opéré par Marie, c'est la multitude des succursales qu'il a déjà dans l'univers catholique. A part le célèbre sanctuaire de Lorette, qui compte quelques chapelles où Marie est honorée sous ce vocable, nous n'en connaissons point d'autre qui se reproduise en quelque sorte lui-même par toute la Terre. Mais le sanctuaire de la Salette, qui n'existe que depuis dix ans, compte déjà 250 sanctuaires ou autels, érigés sous ce même vocable, et chacun est devenu le centre d'un pèlerinage. »

Les documents que nous avons entre les mains, et ceux qui nous arrivent chaque jour, nous font penser que le nombre de ces monuments publics, érigés en l'honneur de N.-D. de la Salette, s'élève, en 1871, à près de 800, répandus principalement en France, en Belgique, en Italie, en Espagne. Le seul diocèse de Grenoble en a plus de 40. On en trouve *plusieurs* en Angleterre, en Hollande, en Allemagne, en Suisse, dans l'île Maurice, à la Martinique, dans les Etats-Unis, dans les Indes orientales et dans la Nouvelle-Calédonie. Au centre de l'Afrique, le Dahomey a aussi son sanctuaire de N.-D. de la Salette.

Dans presque tous les lieux où est établie la Confrérie de N.-D. Réconciliatrice, et dans ceux où est exposé à la vénération publique un tableau ou une statue représentant l'Apparition, on solennise, chaque année, l'anniversaire de cette mémorable manifestation de la Mère de Dieu. Dans un grand nombre d'églises de France, d'Italie et d'Espagne, cette fête se célèbre avec la plus grande pompe. Souvent on y prépare les fidèles par des neuvaines publiques ou par des retraites. Plusieurs Évêques aiment à rehausser par leur présence la majesté des cérémonies de ce jour. Dans la seule ville de Milan, dix églises ou chapelles ont célébré avec solennité, en 1870, le vingt-quatrième anniversaire de l'Apparition.

La coutume de consacrer tout le mois de septembre à honorer N.-D. de la Salette commence à se répandre dans

es paroisses, et surtout dans les communautés religieuses.
'ar un indult, daté du mois d'août 1867, N. S.-Père le
'ape Pie IX a accordé toutes les indulgences, dont son
nrichis les exercices du mois de Marie, aux associés de
a Confrérie de la Salette établie à Arles, qui célébreront
e mois de N.-D. Réconciliatrice en septembre.

C'en est assez pour montrer que la dévotion à N.-D. de
a Salette est universelle, et qu'elle devient chaque jour
e plus en plus populaire.

XXII

CONCLUSION.

Après avoir parcouru cet exposé historique de l'Appari-
ion et de ses suites, tout catholique de bonne foi restera
onvaincu, nous l'espérons, de la certitude et de l'impor-
ance de ce grand Événement.

Sa certitude ressort clairement de la sincérité du témoignage des deux enfants, du jugement doctrinal rendu par
'autorité épiscopale, de l'approbation donnée par le Saint
Père à la dévotion à N.-D. de la Salette, et enfin des pro-
liges opérés dans l'ordre de la nature comme dans l'ordre
le la grâce, par la médiation de Marie invoquée sous ce
nouveau titre.

L'importance de cet Événement n'est pas moins incon-
estable. Ce n'est jamais sans des raisons dignes de sa sagesse que Dieu opère des miracles et déroge aux lois qu'il
a établies. Quand la Souveraine du Monde, la Reine du
Ciel, la Mère de Dieu, se manifeste à la terre, ce ne peut
être que pour y remplir une grande mission. « *Je suis*

effrayé de tels prodiges, disait un illustre prince de l'É-glise (1), en parlant de l'Apparition de la Salette. *Nous avons dans la religion tout ce qu'il faut pour la conversion des pécheurs ; et, quand le Ciel emploie de tels moyens, il faut que le mal soit grand!* » L'univers l'a compris et s'en est ému. Nous avons dit un mot du retentissement qu'a eu, par toute la terre, le Fait du 19 septembre 1846.

De là, que conclure, sinon que l'Apparition mérite d'être crue par tous, puisqu'*elle est indubitable et certaine,* et surtout qu'il ne serait pas logique de la traiter avec indifférence, puisqu'elle est une œuvre de la Toute-Puissance divine, et une manifestation éclatante de la miséricorde de Marie.

Malheur donc à qui endurcirait son cœur, quand une voix du Ciel reproche aux hommes le blasphème, la profanation du saint jour, la violation des lois de l'abstinence et du jeûne, la négligence·à entendre la sainte messe et l'oubli de la prière! Ceux qui, se sentant coupables de ces crimes, ne formeraient pas la résolution de les éviter à jamais, appelleraient sur leurs têtes tous les châtiments prédits par la divine Messagère.

De la part des âmes fidèles, ne serait-ce pas aussi une indifférence qui blesserait le cœur de Marie, que de ne pas s'efforcer d'entrer dans l'esprit de son Apparition, c'est-à-dire dans l'esprit de prière et de pénitence, en réparation des outrages faits à la majesté adorable du Seigneur ?...

Enfin, ce serait ne pas attacher à l'Evénement de la Salette l'importance qu'il a dans les desseins de Dieu, que de ne pas travailler, dans la mesure de son influence, à le faire connaître. « *Eh bien, mes enfants, vous le ferez pas-*

____

(1) Son Eminence le Cardinal Fornari.

ser *à tout mon peuple*, » répéta deux fois la Vierge aux deux bergers. Il faut que tous connaissent non-seulement l'Apparition, mais encore, et surtout, les enseignements qu'elle renferme. Il faut répandre dans la famille, dans l'atelier, partout, la haine du blasphème, des travaux défendus, de la négligence à prier, à entendre la messe et à observer l'abstinence et le jeûne. Par l'exemple et la parole, il faut inspirer l'amour du recueillement intérieur et de la mort à soi-même, dispositions toujours si nécessaires à la vie chrétienne, et qui le sont plus encore quand les prévarications se multiplient.

Heureux seront les temps où, par le zèle des enfants de Marie, l'esprit que cette auguste Mère est venue apporter sur la montagne sera répandu sur la face de la terre pour la renouveler. Puisse chacun des lecteurs de cet opuscule contribuer à hâter ces jours de bonheur !

LE

PÈLERINAGE NATIONAL

DE 1872

C'est au pied des autels et dans la prière que fut conçue la première idée de cette admirable manifestation. L'âme remplie des tristes souvenirs du passé et des craintes qu'inspire l'avenir, un prêtre vertueux du clergé de Paris, cherchant, sans pouvoir le découvrir parmi les hommes, un sauveur pour la France malheureuse, leva *les yeux vers les montagnes, d'où nous viendra le secours.*

Il pensa que notre patrie ne pouvait retrouver sa gloire que par la protection toute-puissante de son auguste Reine, la Vierge Marie, et que le moyen le plus efficace de concilier à la France la faveur de cette aimable souveraine, c'était d'entraîner les foules vers la Montagne où la divine Réconciliatrice est venue pleurer sur nos malheurs, en les prédisant.

Il fit part de ce dessein à un de ses amis, qui l'invita à

ne point séparer de la cause de la France celle de a
sainte Eglise et de son Pontife suprème; et il fut dès
lors entendu qu'on travaillerait à l'organisation d'un
pèlerinage national à Ars et à N.-D. de la Salette, sous la
protection de la Thaumaturge du dix-neuvième siècle,
sainte Philomène, dans le but d'obtenir du ciel le salut de
la France et la délivrance du saint Père.

Le comité du pèlerinage se forma à Paris sous la présidence du R. P. Picard, supérieur des Augustins de l'Assomption. Plusieurs publications religieuses, entre autres
les *Annales de Notre-Dame de la Salette* (1), révélèrent à
leurs lecteurs ce beau projet. Des circulaires furent adressées aux comités catholiques des provinces. On y exposait
le plan de cette pacifique campagne, dans laquelle l'arme
de la prière devait seule être employée.

Cet appel fut entendu. En moins de trois mois, le R. P.
Desaire, secrétaire du comité de Paris, eut à répondre à
plus de dix-sept cents lettres, qui lui furent adressées de
tous les points de la France.

On songea d'abord à réunir le même jour, aux pieds de
Notre-Dame de la Salette, un grand nombre de pèlerins;
mais on ne tarda pas à reconnaître qu'un tel concours
offrait d'insurmontables difficultés dans un sanctuaire bâti
sur une montagne à 1,800 mètres au-dessus du niveau de
la mer et à 73 kilomètres de la gare la plus voisine. On
convint donc d'aller à la Salette successivement et par
groupe de quelques centaines de pèlerins à la fois.

Le ciel a béni cette entreprise digne des plus beaux
siècles chrétiens. Malgré tous les obstacles, le *Pèlerinage*

(1) C'est aux *Annales de N.-D. de la Salette*, qui depuis 1865 paraissent tous les mois, que nous allons emprunter le récit du *Pèlerinage
national.*

national a réussi à la honte de ceux qui ont tout fait pour l'entraver, et à la gloire de Notre-Dame de la Salette.

C'est le 18 août 1872 qu'il a été inauguré par l'arrivée des fervents fils de la catholique Provence.

§ I

18 AOUT, PÈLERINAGE DES MARSEILLAIS.

« Tous les départements qui du Dauphiné descendent vers la Méditerranée et les Pyrénées vénèrent unanimement NOTRE-DAME DE LA SALETTE.

« Déjà de très-nombreux pèlerins sont venus au sanctuaire, isolément ou par familles. On y a vu des membres de la famille de Foresta, de Saint-Maurice, de Bonald et d'autres qu'il serait trop long d'énumérer. Une caravane considérable était attendue le 17 août. Une liste d'adhérents de plus de trois cents personnes avait été dressée sur la foi d'un arrangement particulier ménagé avec le chemin de fer, et réduisant le temps et les frais de la route. Au dernier moment, cet arrangement n'ayant pas abouti, le nombre des pèlerins a été nécessairement restreint et a dû se morceler. Plusieurs subdivisions sont arrivées, soit par Grenoble, soit par Gap, malgré la difficulté de trouver des moyens de transport à leur disposition et à bon marché.

« En définitive, les représentants de la Provence et de Marseille en particulier ont été nombreux ; au pied des autels de la Vierge de l'Apparition on les distinguait au milieu des huit cents pèlerins rassemblés le 18 août sur la montagne, à la rondeur franche de leurs manières et surtout aux chants dont leurs vigoureuses poitrines ont fait retentir la voûte sacrée et le vallon rendu célèbre par le discours de MARIE aux jeunes bergers.

« Parmi ces chants, on n'a pas entendu sans émotion le cantique tout nouveau que mille voix répétaient au mois de juin à Marseille et dont voici une strophe où le patriotisme marche de pair avec la foi :

> Dieu de clémence,
> Dieu protecteur,
> Sauvez, sauvez la France,
> Au nom du Sacré-Cœur !

« Quelle différence entre ces mâles et religieux accents des fils de l'immortel Belzunce et les vociférations de la *Marseillaise !*

« C'est un vénérable ecclésiastique, enfant du Midi, M. l'abbé Azaïs, chanoine honoraire de Nîmes, qui a célébré les gloires et les bontés de la Mère de Dieu....

« Les Marseillais ont eu les honneurs de la journée. Les chantres ordinaires du sanctuaire leur ayant cédé la place, ils ont chanté vêpres et on les a entendus encore à la cérémonie du soir.

« Nous aurions voulu voir nos libres-penseurs témoins de cette longue procession déployant ses replis à travers le vallon, avec un recueillement et avec une expression de foi vive aux séductions de laquelle beaucoup d'entre eux auraient certainement eu de la peine à résister. Beaucoup de ces pèlerins avaient eu même le courage, malgré leurs fatigues, de passer une partie de la nuit en adoration devant le Saint-Sacrement qui demeure toujours exposé depuis le samedi jusqu'au dimanche soir. Avec les hommes que nous avons vus là, unis d'âme et de cœur, malgré la diversité des conditions, avec ce sentiment de la fraternité vraie et du devoir, avec cette résignation aux souffrances nécessaires de cette vie, avec cette perspective consolante des joies de l'autre, on comprendrait une République, image de la primitive Église, où tous chrétiens n'avaient qu'un cœur et qu'une âme.

« Que les démocrates l'essaient, qu'ils se convertissent à notre foi religieuse, et alors nous pourrons essayer leur politique (1) ! »

Départ des caravanes marseillaises. — Dès le lundi plusieurs pèlerins marseillais ont quitté le sanctuaire ; d'autres ont voulu passer encore une journée aux pieds de la bonne Mère. Ces derniers, le soir, ont organisé une illumination sur les lieux de l'Apparition. Une vaste guirlande de cierges a été disposée autour de la grille qui environne le sentier tracé par la Vierge. Et après le salut, à neuf heures, au milieu du silence de la nuit, à la lueur des feux qui se consumaient devant les statues, les Marseillais ont envoyé aux échos des montagnes leurs graves et pieux concerts.

Le lendemain mardi, les messes se succèdent sur six autels à la fois, soixante prêtres sont déjà réunis au sanctuaire. A huit heures du matin, de nouveaux cantiques se font entendre devant la Vierge de l'Assomption. Ce sont les chants d'adieu d'un groupe de Marseillais. Ces chrétiens ardents devant cette Vierge qui remonte au Ciel en regardant Rome répètent avec enthousiasme : *Vive Notre-Dame de la Salette ! vive Pie IX !* Puis, descendant dans

(1) Extrait du *Ralliement* dont le directeur, M. Delbreil, chrétien fervent, se trouvait le 18 août sur la montagne de la Salette.

.e ravin, devant la Vierge qui pleure, à genoux, ils re-
disent en chœur :

> Avant de quitter notre mère,
> Enfants, jetons-nous à genoux,
> Adressons-lui notre prière,
> Prions-la de prier pour nous.

Ce cri a été entendu, généreux fils de la catholique
Marseille. Vous n'avez voulu être devancés par personne
dans cette manifestation de foi; vous aurez une place
choisie dans le cœur de celle que vous appelez la bonne
Mère. Vous n'étiez pas aussi nombreux que vous l'aviez
voulu ; mais votre présence a donné l'élan aux pèlerins
de la France, et les chants que vous leur avez appris seront répétés longtemps après votre départ.

§ II

Les pèlerins de Vaucluse ont pu arriver à temps pour
serrer la main à leurs frères de Marseille. Ils avaient suivi
la route de Gap, et leur long voyage avait été une vraie retraite. Tous, chaque jour, entendaient de grand matin la
sainte messe, plusieurs y communiaient. Ils récitaient en
commun le rosaire en entier, l'office de la Vierge, et les
prières du matin et du soir. Le prêtre zélé qui dirigeait la
caravane leur faisait de pieuses méditations, et souvent
leurs conversations de voyage étaient interrompues par le
chant des cantiques. Fervents habitants du Comtat, ils té-
moignaient bien haut par leur dévouement pour l'Eglise
qu'ils sont dignes d'être les fils des anciens sujets des
Papes. Ils nous ont quittés le 21 au soir.

§ III

Paris et Dijon. — Mardi à quatre heures, voici le premier convoi des pèlerins de Paris. Il faudrait un livre pour raconter leur voyage. C'est le 18 juin qu'ils ont quitté la capitale. Ce jour-là, Son Excellence Mgr le Nonce apostolique, Mgr l'Archevêque de Paris et Mgr de Ségur ont dit la sainte Messe aux intentions du *Pèlerinage national.* Avant leur départ, les pèlerins se sont réunis dans l'église des saints Gervais et Protais, tout près des ruines de l'hôtel de ville. Là où avait en quelque sorte commencé le vandalisme des modernes barbares devait commencer le pèlerinage de l'expiation. La foule encombrait le saint lieu. M. l'abbé Tilloy, docteur en théologie et premier aumônier du lycée Descartes (Louis-le-Grand), a célébré les saints mystères et dit éloquemment aux pieux voyageurs le but de leur pèlerinage. Quelque temps après un convoi spécial emportait vers Lyon la nombreuse caravane composée de prêtres, de religieuses, d'hommes, de femmes de toutes les conditions et de tous les âges. Il y a là la nombreuse députation de la capitale, et celles de Reims, d'Amiens, de Versailles, d'Epinal, de Rouen, d'Arras, de Tourcoing (Nord), de Morlaix (Finistère), en tout trois cent quatre-vingts pèlerins. Quand le convoi passe devant la Salpétrière, toutes les pauvres femmes qui y sont recueillies envoient de joyeux saluts aux pèlerins; elles s'étaient cotisées entre elles pour payer les frais de voyage de deux ouvrières de l'asile qui faisaient en effet partie de la pieuse caravane : c'est dire que les pauvres n'étaient

point exclus des fatigues et des saintes joies de cette manifestation. Ne sont-ils pas souvent riches par leur foi et ne
trouvent-ils pas souvent dans cette foi même la générosité des plus grands sacrifices ?

On arrive à Dijon ; là plus de deux cents Bourguignons
et Francs-Comtois s'unissent aux pèlerins de Paris. Le
train reçoit aussi d'autres groupes aux gares de Chagny
et de Villefranche. Sur le parcours on chante des cantiques ; en observant de garder le silence quand on arrive
dans les gares. Un employé cependant, qui a saisi une des
dernières notes avant la station du train, se prend à sourire et à railler. Un pèlerin alors se présente à la portière
et lui demande, d'un ton ferme, si on n'a pas en France le
droit de bénir Dieu tout haut, quand il en est qui se
croient celui de le blasphémer impudemment. Le railleur
n'a rien à répondre, il reste sot.

La caravane quitte à Villefranche le chemin de fer et
va vénérer à Ars sainte Philomène, et la tombe du vénérable M. Vianney, dont le souvenir attire chaque année,
dans une petite campagne, 100,000 pèlerins. Cet homme
de Dieu fait d'une manière bien éclatante après sa mort ce
qu'il avait fait souvent pendant sa vie. Lui, en effet, qu'on
avait accusé de ne point croire à l'Apparition de la Salette
parce qu'il avait manifesté pendant quelque temps sur ce
fait des doutes qui avaient été pour son âme une rude
épreuve, avait plus tard souvent invoqué avec confiance
la Vierge de la Salette. Comme nous l'avons dit précé-
demment(1), il avait même obtenu par elle des miracles et
souvent il avait engagé à faire le pèlerinage de la sainte
Montagne les nombreux visiteurs avides de ses conseils.

(1) N.-D. de la Salette, chap. XVII de la Notice.

Ne semble-t-il pas qu'aujourd'hui sa cendre se ranime pour dire comme autrefois aux pèlerins d'Ars : Allez à la Salette.

Et, en effet, le lundi à midi, les pèlerins laissent Ars pour retourner à Villefranche. Point d'incident sur la route, sinon la chute d'un jeune enfant du haut de l'impériale d'une diligence. A Ars, on ne se tue pas en tombant, et le jeune écolier en est quitte pour une égratignure au nez.

A Villefranche, on retrouve les wagons et les bagages intacts, et chacun reprend sa place. Une bonne femme entre là dans une buvette pour se rafraîchir. — Vous êtes payée par les curés, n'est-ce pas, pour aller à la Salette? lui dit un quidam. — Non, monsieur, répond-elle, je ne serai payée que par la sainte Vierge, et je voyage avec le fruit de mon travail. — C'est pour cela que vous devriez mieux l'employer, fait l'autre. — Il vous est permis d'employer votre argent à boire, réplique la bonne vieille, et ne pourrais-je pas consacrer mes économies à faire un voyage à la Salette pour y prier ?

— A Lyon, on ne fait que prendre de l'eau, machine et voyageurs; les employés ont bien quelques petits mots plaisants. Plus loin, aux ateliers, les hommes de fer et de charbon sont plus énergiques; il y a quelques paroles plus dures que des quolibets, des signes qui signifient autre chose que *bon voyage ;* mais le vent emporte cette poussière de la route, et la Vierge de Fourvières couvre de sa protection tous les pèlerins qui tournent vers elle un regard affectueux.

Le jour comme la nuit, on chante par groupe des cantiques, on récite le chapelet, c'est un vrai pèlerinage, en plein dix-neuvième siècle, un an après la Commune de Paris et de Lyon, après les massacres de la Roquette.

> Voilà donc quels vengeurs s'arment pour ta querelle :
> Des prêtres, des enfants, ô Sagesse éternelle !
> Mais si tu les soutiens, qui peut les ébranler !

On dit que les bons paysans de Saint-Quentin et de la Verpillière, de leurs champs, agitaient leurs mouchoirs pour donner un signe de sympathie à la caravane.

A Bourgoin, cinq minutes d'arrêt ; on va à la pompe comme toujours. Les soutanes sont noires, mais elles dérident toujours un peu les déchargeurs. Au Grand-Lemps, on jette aux pèlerins, d'un beau pavillon, dix magnifiques bouquets de fleurs, et bientôt après le train arrive à Grenoble. C'était le 19 août, à six heures dix minutes du soir.

§ IV

Indigne réception à Grenoble. — « Attendus à la gare par des membres du clergé ou des représentants d'un comité spécial, les pèlerins ont été en grande partie conduits dans les séminaires et dans les couvents de la ville, les laïques se dirigeant vers les hôtels, qui s'étaient préparés pour profiter de l'aubaine.

« Il ne semblait pas que ce concours de voyageurs, parfaitement paisibles, fût de nature à provoquer une manifestation hostile, et il semble que ceux qui n'approuvent pas le pèlerinage de la Salette, étant libres de ne pas l'accomplir, doivent respecter la liberté de ceux qui ont une conviction et un désir contraires.

« Vers neuf heures cependant, et au moment où le départ des voitures de Corps avait amené sur la place Grenette un grand nombre de ces hôtes passagers, des groupes dont il ne faut pas exagérer l'importance numérique et dont la composition surtout devait laisser beaucoup à désirer se sont livrés à des provocations contre lesquelles on ne saurait protester trop énergiquement. Des huées répétées, des cris de : *A bas la calotte ! Enlevez-les !* ont été proférés (1).

« A peine les pèlerins s'étaient-ils mis en route, qu'une bande de jeunes voyous, parmi lesquels on remarquait toutefois quelques hommes d'un certain âge et plusieurs redingotes, se sont mis à huer les inoffensifs voyageurs et à vociférer des aménités du genre de celles-ci : *A l'eau ! A la voirie ! A l'équarrissage ! Bonnes têtes d'otages !* D'autres criaient : *Voilà les calotins qui se préparent à ramener le drapeau blanc !*

« Les insulteurs ont ainsi fait la conduite des pèlerins, par la rue Saint-Jacques, jusqu'à l'extrémité de la place Vaucanson.

« Là, pendant que les voyageurs prenaient leurs places et attendaient l'heure du départ, le groupe de voyous a stationné *en bon ordre* sur le trottoir de la caserne de Bonne, parodiant le refrain du cantique *Esprit-Saint, descendez en nous*, chantant la *Marseillaise* et adressant aux pèlerins les insultes les plus ignobles comme les provocations les plus stupides.

« Un petit garçon se faisait surtout remarquer par sa précoce grossièreté.

« Mais rien ne valait les provocations — splendides de

____

(1) *L'Impartial Dauphinois.*

bravoure — d'un voyou un peu plus âgé : « Tas de lâches, descendez donc, s'écriait-il de toute la force de ses poumons, en montrant le poing aux prêtres et aux femmes placés sur l'impériale de l'omnibus, et en faisant de l'indignation à froid ; n'avez-vous donc pas dans vos poches les revolvers que vous apportez d'Espagne (1) ? »

Des pierres ont même été jetées, comme le raconte le *Courrier de l'Isère* dans un article où, avec toute la presse grenobloise, il flétrit avec une noble indignation de tels attentats à la liberté de conscience. Voilà un nouvel échantillon de la tolérance de certaines gens !

« A dix heures et demie, poursuit le *Courrier de l'Isère*, un miracle s'est opéré et nous l'avons vu. Deux gendarmes qui passaient par là d'aventure, en ronde du soir, ont vu du monde rassemblé... les mains derrière le dos, ils se sont approchés de ce monde. Avant qu'ils fussent parvenus à la hauteur de la dernière voiture qui allait partir, la foule avait disparu. Si l'on ne croit pas aux miracles de la Salette, il faut bien se rendre à l'évidence de celui-là. La rue était pleine; en deux secondes, elle est devenue déserte et silencieuse.

« Sur la place de Grenette, pendant ce temps-là, d'autres prodiges s'opéraient : prodiges d'incivilité, d'inconvenance et d'immoralité. »

Il ne faudrait point cependant s'exagérer la portée de cet incident regrettable et en faire peser la responsabilité sur la population grenobloise justement renommée pour sa politesse. Elle a donné de trop grandes preuves de son hospitalité aux augustes prisonniers de la révolution et du premier empire, Pie VI et Pie VII, pour qu'un catho-

(1) *L'Unité Française.*

lique puisse jamais les oublier et imputer à une ville ce qui n'est que le fait de quelques voyous nomades.

Voici du reste l'adresse qu'ont signée, en grand nombre, les Grenoblois honnêtes, et qu'ils ont présentée aux pèlerins de la Salette : « Pieux pèlerins, votre arrivée dans « notre ville a été signalée par le fait le plus odieux. Des « groupes d'hommes sans aveu, que Grenoble ne peut « avouer pour ses enfants, agents du banditisme cosmo- « polite qui conspire contre tout ordre et tout honneur « patriotique, vous ont reçus avec des outrages.

« Nous avons rougi pour eux, et la population tout en- « tière en a ressenti avec nous la plus profonde indigna- « tion.

« Nous ne voulons pas vous laisser quitter notre pays « sans protester contre ces insultes qui sont un véritable « attentat aux devoirs de l'hospitalité, méconnus ici pour « la première fois.

« Pardonnez, pieux pèlerins, à ces hommes pervers pour « lesquels vous êtes allés prier. » (*Unité française.*)

Quatre des plus insignes meneurs de la bande insolente dont nous avons parlé plus haut ont été arrêtés.

§ V

Arrivée à la Salette du premier convoi et de Mgr l'évêque de Grenoble. — Cependant, le ciel semble sourire aux pèlerins, tandis que les méchants les insultent. Le temps, qui, sur la montagne, avait été mauvais durant les premiers jours d'août, est devenu splendide. Tout annonce un voyage heureux. Le mardi, le premier groupe, composé de près de cent personnes, arrive au Pèlerinage à quatre heures du soir. La joie éclate sur les visages de ces pèlerins. En les voyant en se souvient des apôtres qui *s'en allaient se réjouissant d'avoir eu à souffrir l'injure pour le nom de Jésus ;* et on murmure la parole du Maître : « *Vous serez heureux lorsque les hommes vous maudiront et qu'ils diront contre vous, en mentant, toute sorte de mal pour l'amour de moi.* »

On attend Mgr l'évêque de Grenoble qui vient présider les cérémonies imposantes qui vont avoir lieu, là, sur ces hauts sommets, loin du monde et si près de Dieu. Quelques Marseillais restent encore au sanctuaire. Ils organisent les chants. Il est cinq heures et demie, les belles cloches du Pèlerinage livrent aux airs leurs plus joyeuses volées. Les pèlerins courent sur les flancs du Gargas pour recevoir une première bénédiction du prélat qui arrive. La foule lui laisse un passage au milieu de ses rangs pressés qui s'inclinent sous la main du pontife qui bénit. Les portes de la basilique s'ouvrent grandes. L'airain sonore se tait, mais les sacrés cantiques que répètent des centaines de voix retentissent :

> Sauvez, sauvez la France !
> Au nom du Sacré-Cœur.

Monseigneur, ému par cette réception toute spontanée et pourtant magnifique, improvise une allocution qui fait couler les larmes de tous les yeux. Il s'adresse aux Marseillais surtout qui ont exécuté ou préparé les chants : « Voici donc, dit-il, que Notre-Dame de la Garde vient donner à Notre-Dame de la Salette un baiser fraternel qui est un signe d'espérance dans ces jours de si profondes angoisses. Voici donc que cette ville, qui a été le théâtre de tant de désordres, compte encore dans ses murs de nombreux enfants dignes fils des Marseillais des temps de Belzunce. Je vous remercie, Messieurs, des consolations que vous m'apportez. Que la Vierge bénisse votre pèlerinage, et moi je vous donne ma bénédiction d'évêque et d'ami, recevez-la avec une filiale tendresse, bien que je ne sois pas votre père ! » Les chants recommencent.

Le Salut du soir. — A huit heures, le Révérend Père supérieur des missionnaires de la Salette, dans un éloquent discours, donne pour modèle aux pèlerins la Vierge de l'Apparition. Comme Elle, ils doivent, pendant ce saint voyage, expier et prier. L'expiation, la prière : voilà l'esprit de l'Apparition et celui qui doit animer le pèlerin. Monseigneur donne ensuite la bénédiction du Saint-Sacrement. La foule s'écoule silencieuse. Monseigneur, qui a quitté ses ornements pontificaux, la suit. On se dirige vers les lieux de l'Apparition pour une cérémonie improvisée, mais des plus émouvantes. Chaque pèlerin s'est muni d'un cierge, qu'il tient allumé à sa main. La place du *Plateau sous les Baisses* est remplie de cette foule qui chante tour à tour les gloires de Notre-Dame de la Salette, des invocations au Sacré-Cœur et des cantiques d'expiation. Les voix des jeunes filles et des enfants se mêlent aux voix mâles des hommes et de plus de cent prêtres réunis. Les vents retiennent leur haleine pour ne pas éteindre les flammes des cierges qui se consument entre les mains des pèlerins. La nuit est splendide, le ciel pur et serein. Point de vapeurs pour en voiler l'azur. La clarté des étoiles dévoile les cimes gigantesques des monts qui servent comme de murs à ce temple, où on prie à cette heure avec tant de ferveur et auquel le firmament sert de voûte.

O hommes indifférents, qui avez vu passer, sans ressentir peut-être une émotion chrétienne, les pèlerins de la France, que n'êtes-vous ici sur ces hauteurs ! la dureté de vos âmes serait amollie, et votre bouche, qui s'ouvre trop souvent pour blasphémer, s'ouvrirait pour bénir ! Pendant ce temps arrivent encore des pèlerines dijonnaises et parisiennes. Il y a parmi elles d'humbles femmes. Il y a aussi des dames délicates qui, ne trouvant pas de mulets à Corps, ont dû faire à pied l'ascension de la montagne, portant leurs petits bagages et l'indispensable couverture pour la nuit. Quelle foi ! quels sacrifices. Si vous étiez de ces dames qui vont aux théâtres et aux bals, nous vous demanderions si jamais vous y avez entendu d'aussi magnifiques concerts ; si jamais un spectacle aussi grandiose, je dirai presque si tragique, s'y est offert à vos yeux ; si vous y avez jamais trouvé de si douces et si profondes émotions. Mais vous êtes de celles à qui Jésus-Christ a dit : « Vous n'êtes pas du monde, mais je vous ai choisies au milieu du monde afin que vous alliez... »

Pèlerins venus de la capitale, à Paris, vous êtes le sel qui préserve d'une complète dissolution la Babylone moderne et le paratonnerre qui écarte la foudre et l'empêche de réduire en cendres ceux de vos monuments qu'a épargnés la Commune. Et vous, généreux fils de la Bourgogne, vous nous arrivez le jour de Saint-Bernard, votre compatriote, qui autrefois entraînait vers les saints Lieux de Jérusalem les foules charmées et fascinées par son éloquence. Vous avez hérité de lui le goût des croisades. N'en est-ce pas une, en effet, que votre pèlerinage à la Salette? Vos épouses, vos mères et vos sœurs sont avec vous, elles passeront au sanctuaire au moins la matinée du 21, fête de sainte Chantal, une autre gloire de la Bourgogne. Le costume austère, la modestie de la Vierge de la Salette, leur apprendra à ressembler à cette illustre Dijonnaise ! que ne sont-elles donc venues ici toutes les filles du siècle ! Elles auraient compris qu'il y a d'autres fêtes que celles qui commençant par la joie finissent par la tristesse et les remords.

Les chants se prolongent bien avant dans la nuit, ceux qui ont un lit oublient d'aller prendre leur repos, et le bonheur de pleurer avec MARIE fait que les autres n'ont point de regret de n'avoir d'autre couche que le pavé du saint lieu.

§ VI

Nouveau convoi plus nombreux, le lendemain mercredi, 21 août. — Les messes commencent à minuit sur sept autels à la fois; environ 150 prêtres célèbrent le saint sacrifice, dans la matinée; nombreuses communions. Monseigneur dit la sainte messe à 7 heures. Pendant que Sa Grandeur est à l'autel, on annonce l'arrivée de tous les autres pèlerins de Paris et de Dijon, qu'on voit s'avancer lentement sur les flancs de la montagne. Une procession s'organise pour aller à leur rencontre. Monseigneur, qui vient d'achever les saints mystères, y assiste. Bientôt Sa Grandeur rencontre le R. P. Picard, qui dirige la caravane, et tous deux échangent quelques paroles éloquentes. La France et Pie IX n'y sont poins oubliés. La France, c'est pour demander son salut que les plus ferventes âmes de sa capitale accourent sur la montagne où MARIE a pleuré nos malheurs. Pie IX, c'est lui qui après NOTRE-DAME DE

LA SALETTE a eu tous les honneurs de ces grandes fêtes ; c'est son nom qui a inspiré le plus d'enthousiasme et fait couler le plus de larmes, ce sont les glorieuses prérogatives du vicaire de Jésus-Christ qui ont excité les plus éclatants transports de joie. Après avoir serpenté sur le versant du mont Gargas, la procession, composée de plus de 1,400 pèlerins, enlace dans ses files les lieux de l'Apparition. Prières, chants, pleurs, rien n'y manque. Deux à trois cents prêtres suivent Monseigneur, et entre eux nous devons nommer Mgr Maugis, du clergé de Lyon, prélat domestique de Sa Sainteté. La vaste église se remplit, et ses voûtes retentissent des chants sacrés exécutés avec un ensemble et une ardeur indicibles. Le R. P. Picard monte en chaire et prononce un remarquable discours dont nous ne pouvons donner ici qu'une courte analyse.

Discours du Révérend Père Picard. — Monseigneur l'évêque, a-t-il dit, au moment où il nous accueillait avec une tendresse si paternelle sur le chemin du sanctuaire, nous a cité une parole de la sainte Ecriture qui résume admirablement le but de notre pèlerinage : *Vadam ad montem myrrhæ et ad collem thuris.* Oui, la Salette est vraiment pour nous aujourd'hui la montagne de la myrrhe et la colline de l'encens. Nous y venons pour pleurer et pour prier tout à la fois, et dans ces larmes et ces prières, nous venons reconquérir deux grandes choses qui firent jadis la grandeur de la France et dont l'absence aujourd'hui cause son abaissement. Ces deux biens inappréciables, ce sont le sacrifice et l'enthousiasme. Le sacrifice nous pousse à souffrir pour la cause de la justice ; l'enthousiasme nous fait endurer avec joie, avec bonheur, avec transport, ces souffrances, quand elles sont un moyen d'accomplir un devoir et de sauver l'honneur et la foi... Autrefois, l'appui du faible et de l'opprimé, le défenseur du Christ dans son vicaire, notre pays aujourd'hui a tout sacrifié, même son honneur ; et la cause de ces honteuses défections, c'est l'absence de la foi dans les âmes, c'est la foi qui avait comme pétri la grande nation française. Elle avait forgé son épée dans les mains de Clovis, de Charlemagne et de saint Louis ; et elle l'avait rendue invincible contre l'iniquité. Mais du jour où cette épée s'est refusée à sortir du fourreau pour réparer l'injustice, elle n'a plus sa raison d'être, et voilà pourquoi elle s'est brisée entre nos bras. Que faut-il donc à la France pour lui rendre son prestige et son antique valeur ? Il lui faut reconquérir la foi et par la foi l'enthousiasme. C'est ce que nous venons chercher ici dans la prière qui fortifie et dans les exemples qui raniment. Ainsi, nous atteindrons le double but que nous nous sommes proposé dans le pèlerinage aux pieds de Notre-Dame de la Salette : la délivrance de Pie IX et le salut de la France.

Faits divers. — Après ce discours et la messe entendus, chacun va où son cœur le porte, et presque tous vont prier sur le lieu de l'Apparition, ou puiser de l'eau à la sainte Fontaine. Qu'il ferait bon de se mêler à ces groupes d'hommes, de femmes, qui émaillent le plateau ! Quelle édification à retirer de leurs entretiens ! Quelle joie de voir leur joie après tant de fatigues ! Voici une famille de Vienne qui est venue à pied de Grenoble, qui a fait par conséquent soixante-treize kilomètres, on sait par quel soleil. Ici, c'est un monsieur de Lyon qui a parcouru la même route avec sa jeune fille, délicate demoiselle de quinze ans, qui n'a pas l'air de s'en plaindre. — Mais remarquez aussi ces bons Savoisiens qu'il est facile de reconnaître à leur air grave et recueilli, aussi bien qu'à leurs costumes bizarres qui varient avec chacune des cimes de leurs montagnes. En voici trente de La Chambre, qui ont marché pendant deux jours à travers les rochers. Un abbé de la Savoie en a fait au moins autant que son jeune compagnon de voyage.

§ VII

Bénédiction du Saint-Père. — Il est midi, c'est l'heure de prendre le repas que le grand nombre des convives rendra forcément frugal. Monseigneur, à la fin du dîner, en présence des prêtres nombreux qui l'environnent, porte un toast au Vicaire infaillible du Christ, à Pie IX qui soutient le poids de tant de gloires et de tant de tristesses ! Aussitôt, un télégramme est rédigé et expédié à Rome par Sa Grandeur ; il exprime chaleureusement à Pie IX le dévouement des pèlerins de la Salette pour son auguste personne.

Un pieux laïque de Paris, M. Bournissien, va porter cette nouvelle à la foule réunie sur les lieux de l'Apparition pour entendre le récit fait par Maximin Giraud, le témoin de l'Evénement de la Salette. On bat des mains et toutes les bouches crient : Vive Pie IX !

Le surlendemain à la même heure, Monseigneur reçoit de Rome la dépêche suivante :

« LE SAINT-PÈRE, REMERCIANT LES PÈLERINS DE FRANCE, RÉUNIS

« A LA SALETTE, DE CE TÉMOIGNAGE DE DÉVOTION, LEUR ENVOIE DE
« TOUT SON CŒUR SA BÉNÉDICTION PATERNELLE. »

« CARDINAL ANTONELLI. »

On signe depuis le 21 août au Sanctuaire l'adresse suivante qui sera envoyée au Saint-Père aussitôt que finira
le Pèlerinage national :

« Très-Saint-Père, plusieurs milliers de pèlerins, prêtres
et laïques, réunis de toutes les parties de la France, sont
venus prier dans le sanctuaire de NOTRE-DAME DE LA SA-
LETTE pendant l'octave de l'Assomption de la très-sainte
Vierge dans un but religieux et national.

« En présence des épreuves douloureuses que traversent
l'Église catholique et son Chef vénéré ; en présence des
châtiments inouïs infligés à notre chère et malheureuse
patrie, et en face d'un avenir plein de menaces, ils ont
eu à cœur de déposer aux pieds de NOTRE-DAME DE LA SA-
LETTE leurs vœux de catholiques et de Français. Cette
manifestation spontanée de leur foi et de leur patriotisme
leur eût paru incomplète, si, avant de se séparer, ils n'eus-
sent adressé au Vicaire infaillible de Jésus-Christ, leur
père bien-aimé, le témoignage solennel de leur respect
filial, de leur inébranlable dévouement, d'une énergie
persévérante à défendre, dans la mesure de leur influence,
les droits imprescriptibles du Saint-Siége apostolique, et
d'une soumission qui ne fléchira devant aucun obstacle
et qui acceptera de grand cœur tous les sacrifices que la
foi pourra réclamer d'eux.

« Les Pèlerins, prosternés aux pieds de Votre Sainteté,
osent la supplier de daigner leur accorder sa bénédiction
apostolique, comme couronnement de cette fête et comme

gage des bénédictions que la Vierge immaculée répand
sur l'Église et sur la France. »

Suivent les signatures et, en tête de toutes, celle
Mgr Paulinier, évêque de Grenoble.

§ VIII

LES JEUNES DIJONNAIS.

Il est deux heures de l'après-midi. Les pèlerins se po
tent vers le sanctuaire avec un empressement et une émc
tion qui se traduisent par des larmes. Voici, en effet, u
spectacle des plus touchants : 24 enfants ou jeunes ge
du patronage de Dijon arrivent à pied, portant le sac a
dos à la façon militaire. Rien ne manque à leur fournimen
ni la couverture, ni le bidon, ni le pain de munition. I
ont aussi leurs enseignes : c'est une grande croix, ave
son christ de bois, et une blanche oriflamme. Ce group
charmant, malgré la poussière qui le recouvre, s'age
nouille devant l'autel et forme le demi-cercle autour d
M. l'abbé Cordier, l'aumônier de la petite troupe. Puis
ces fraîches voix chantent l'*Ave verum* et un cantique à l
Vierge.

Depuis leur arrivée jusqu'à leur départ, qui s'est effec-
tué le lendemain à la même heure, ces jeunes gens on
fait l'admiration de tous par leur bonne tenue et leu
piété. Quand on organisait le départ des pèlerins de Dijon
ils avaient entouré leur directeur pour lui demander
comme une grande faveur de les conduire eux aussi à la
Salette. « Mes enfants, répondit l'abbé, que j'en serais
heureux, mais les frais de voyage... » La réponse de

M. l'abbé est bien douloureuse pour cette chère jeunesse; toutefois, on sent tellement qu'il y a là une insurmontable difficulté qu'on n'insiste pas, mais un nuage de tristesse voile la sérénité de ces visages d'enfants. M. l'abbé Cordier, ému, fait part à M. le vicomte de Damas du désir de ces pieux jeunes gens. « Nous ferons une quête, » dit M. le vicomte. La quête est faite et on part.

La petite caravane arrive à Grenoble avec les autres pèlerins. Dans cette ville, tous ces jeunes gens font leur confession, craignant de ne pouvoir la faire commodément au sanctuaire. Et maintenant, en route! amis, le sac, quand la voiture ne pourra vous porter avec lui, sera moins lourd. En traversant un gros bourg, qui se trouve sur la route de Grenoble à Corps, la petite troupe rencontre une bande d'insulteurs qui vomissent des huées et lancent des pierres; un des plus petits pèlerins se tourne vers eux, et, avec sa voix enfantine : « Nous prierons Dieu pour vous à la Salette, » leur dit-il. N'est-ce pas là offrir l'autre joue à celui qui en a souffleté une? C'est que ces enfants sortaient du saint tribunal et ils devaient tous, le lendemain, communier au sanctuaire, comme ils l'ont fait effectivement le 22, de la main de Monseigneur lui-même. Et de quelle générosité la jeunesse n'est-elle pas capable quand elle est purifiée par le sang du Sauveur et nourrie de sa chair adorable! En redescendant de la Salette nos jeunes Dijonnais traverseront ce bourg où ils ont été insultés. Leur directeur demandera à célébrer les saints mystères, dans l'église de cette même paroisse; et avant de monter à l'autel, il dira à ses jeunes gens : « Mes enfants, je vais dire la messe pour cette population, pour ses usines, pour ses pêcheurs, et en particulier pour ceux qui nous ont lancé des pierres. Priez avec moi à toutes ces intentions... » Et toute la caravane se mettra en prière. C'est ainsi que se vengent les pèlerins de la Salette.

§ IX

LE 21, MERCREDI, A TROIS HEURES ET DEMIE, PROCESSION SOLENNELLE.

La bannière ouvre la marche. 700 femmes environ la suivent sur deux longues files qui contournent le Planeau. Puis viennent les hommes, au nombre de 620. Tous chantent le refrain du cantique : *Sauvez la France!* Voici, avec leur oriflamme et leur christ de bois, ces jeunes Dijonnais dont nous venons de parler. En quittant demain le sanctuaire, ils emporteront leur christ, mais ils laisseront ici, auprès de MARIE, leur oriflamme, sur laquelle on lit : *Les enfants de la Bourgogne à leur mère de la Salette*. O Vierge, ils vous ont aussi offert leur cœur, gardez-le blanc de pureté comme leur bannière. Suivent 212 prêtres ; plusieurs autres étaient partis dans la matinée.

Ensuite s'avance la bannière du comité qu'accompagnent le R. P. Picard, supérieur de l'Assomption ; M. le vicomte de Damas, président du comité ; M. Bournissien, vice-président, et ses deux fils ; M. l'abbé de Bonniot ; le Père Desaire, secrétaire du comité ; le Père Pierre-Baptiste, de l'Assomption, de la maison d'Arras ; M. l'abbé Tilloy, docteur en théologie ; M. Amédée Nicolas, avocat de Marseille ; M. le docteur Courtaux, médecin de la caravane ; tous ces Messieurs portent sur la poitrine un ruban blanc et bleu.

Après eux, ce sont les prêtres revêtus du surplis et portant sur leurs épaules la statue de la Vierge ou lui faisant cortége. Mgr l'Evêque s'avance après elle, entre deux de ses archiprêtres qui remplissent les fonctions de diacre et de sous-diacre. La procession, après avoir fait le tour de la montagne au flanc de laquelle est assis le sanctuaire, vient longer le versant du Gargas et s'y échelonne en replis sinueux dans l'ordre le plus parfait. Tous les chants se mêlent, toutes les voix se confondent, tous les cœurs battent du même amour de MARIE. Les sentiments les plus variés et les plus doux se pressent dans les âmes : l'admiration, une sainte tristesse, une joie du ciel, l'élan de la prière.... Que n'êtes-vous là, ô vous qui insultiez naguère les pèlerins de la Salette; vous descendriez de la Montagne, comme autrefois les bourreaux descendaient du Calvaire, en vous frappant la poitrine, et comme le centurion, vous feriez un acte de foi ! — On dit que quelques individus étaient montés en espions au Pèlerinage. Si ce bruit a quelque fondement, ce que nous n'osons affirmer, ces hommes ont dû éprouver quelque chose de ce qui arriva à Balaam. Ce prophète des idoles avait été conduit, par un roi ennemi des Hébreux, sur une montagne, afin que là il lançât de plus haut sa malédiction sur le camp d'Israël. Mais à la vue du peuple de Dieu admirablement rangé dans le plus bel ordre, par famille et par tribu, autour du Tabernacle, Balaam, vaincu par un saisissement d'admiration, s'écria : *O Israël ! que tes tentes sont belles, que tes pavillons sont magnifiques !...*

Les femmes se rangent à gauche, les 600 hommes se placent à droite sur le versant du Gargas, les 212 prêtres sont en avant. La Vierge, avec son cortége, s'arrête devant la miraculeuse Source, et Mgr l'Evêque est sur le mamelon d'où NOTRE-DAME DE LA SALETTE s'éleva vers le ciel. Sa Grandeur est tournée vers le versant où la foule stationne. On entonne le cantique : *Esprit-Saint*, que mille bouches répètent à la fois ; puis les pèlerins s'asseient sur le gazon et comme en amphithéâtre, en face de l'illustre prélat..Le silence se fait. Monseigneur parle avec cette éloquence et je dirai avec cette poésie du cœur qui le caractérisent. Nous reproduisons son discours, on ne sera ni moins touché ni moins édifié de le lire qu'on ne l'a été de l'entendre.

Discours de Monseigneur. — Après avoir exprimé dans les termes les plus chaleureux la joie que lui donnait cette grande manifestation religieuse, et affirmé que ces jours compteraient parmi les plus beaux de son épiscopat, Monseigneur a commencé ainsi le récit de l'Apparition :

« J'ai gravi la sainte Montagne pour bénir le *Pèlerinage national*, honorer votre foi, m'associer à vos prières et vous distribuer, à l'exemple du Seigneur Jésus au milieu des champs de la Galilée, et comme c'est le devoir d'un évêque, le pain de la parole divine. Il m'a donc semblé naturel de vous réunir, dès le premier jour, sur les lieux où s'est accompli le plus auguste mystère et de vous faire moi-même le simple récit de la miraculeuse Apparition.

« Il y aura bientôt vingt-six ans, ces montagnes avaient comme aujourd'hui la majesté que Dieu leur imprima à l'origine des siècles. C'étaient les mêmes horizons, — car si les œuvres de l'homme se renouvellent sans cesse, les œuvres de Dieu ne changent pas. —C'était le même éclat, la même sévérité, la même grandeur ; mais le tertre du haut duquel je vous parle était revêtu d'une verdoyante pelouse ; le pied des multitudes ne l'avait pas encore foulé, et c'est à peine si quelques pauvres pâtres gravissaient quelquefois avec leurs troupeaux ces cimes toujours silencieuses.

« Le 19 septembre 1846, samedi des quatre-temps, et, remarquez bien cette coïncidence, la veille du jour où l'Eglise célèbre la fête de *Notre-Dame des Sept-Douleurs* deux petits enfants de Corps faisaient paître séparément leurs vaches derrière le monticule appelé le *Planeau* que votre procession vient de contourner tout à l'heure. Ces enfants se connaissaient à peine, car ils n'avaient pas le même maître, et si Mélanie, — c'est le nom de la jeune fille, — habitait depuis six mois le hameau des *Ablandens*, que vous avez pu voir, en gravissant ces hauteurs, comme un nid charmant caché sous le feuillage, Maximin n'était dans ce hameau que depuis cinq jours.

« Vers l'heure de midi, le ciel était sans nuages, Mélanie conduisit ses vaches à une fontaine destinée à abreuver les troupeaux, qui coule au fond du ravin. Maximin suivit l'exemple de la jeune fille. Ayant quitté la *Fontaine des bêtes*, ils remontèrent la *Sézia* jusqu'à la source appelée par opposition la *Fontaine des hommes*. Celle que vous voyez à vos pieds, la fontaine miraculeuse était tarie ; et ils cherchèrent plus haut dans le ravin quelques filets d'eau limpide pour étancher leur soif, après leur repas frugal ; puis ils s'endormirent sur ce tapis de mousse. Leur sommeil ne fut pas long. Effrayés à leur réveil de ne pas revoir leurs vaches, ils gravirent en toute hâte ce plateau afin de les découvrir. Ils les aperçurent à l'extrémité supérieure du cirque de verdure dans lequel vous êtes réunis, et Mélanie descendit dans le ravin pour se diriger vers elles.

« Arrivée sur ce point où se dresse aujourd'hui son

image, la jeune fille fut éblouie par un globe lumineux. Un cri de surprise et d'effroi s'échappa de sa poitrine.

« Maximin, qui, avec l'insouciance de son âge, était resté sur le plateau se livrant à des jeux d'enfant, se précipita à ce cri vers sa jeune compagne, et alors, le globe lumineux s'entr'ouvrant, une femme se révéla aux regards des deux petits bergers.

« Je ne vous décrirai pas le costume étrange de cette femme. La sculpture et la peinture l'ont suffisamment popularisé. Je me contenterai de vous faire remarquer qu'une majesté surhumaine se mêlait à la simplicité la plus touchante. Si une éclatante auréole entourait son front, si son corps était baigné d'une lumière céleste, le modeste fichu de la pauvre fille des campagnes était noué autour de son cou ; une guirlande de fleurs bordait sa robe, et un crucifix, orné des insignes douloureux de la passion, était suspendu sur sa poitrine. L'attitude de cette femme était celle que l'artiste lui a donnée et que vous voyez devant vous. Assise sur un rocher, la tête appuyée sur ses mains, elle semblait plongée dans une profonde tristesse. Les deux enfants crurent si peu à une céleste vision que le jeune Maximin laissa échapper cette parole : « Mélanie, ramasse ton bâton, moi, j'ai le mien ; si on veut nous faire du mal, on se défendra. » Mais une voix maternelle répondit au petit révolté : « Avancez, mes enfants, n'ayez pas peur, je suis ici pour vous conter une grande nouvelle. »

« Alors, à la place même où s'élève le groupe de l'Apparition, la femme prononça ce discours qui, répété par les deux bergers comme celui de l'ange par les bergers de Bethléem, a retenti jusqu'aux extrémités les plus reculées de la terre.

« Vous connaissez, mes bien chers frères, les reproches et les menaces exprimés dans ce célèbre discours.

« La Vierge MARIE que ses paroles nous révèlent raconte la colère de son *Fils*. « Si mon peuple ne veut pas se soumettre, dit-elle, je suis forcée de laisser aller le bras de mon Fils ; il est si lourd et si pesant que je ne puis le retenir ! » Et expliquant la cause de cette colère, elle reproche à son peuple ingrat la profanation sacrilége du repos du septième jour, la désertion par les hommes du sacrifice de la messe, les blasphèmes contre le nom adorable de Dieu et l'oubli presque complet des saintes lois de la mortification chrétienne.

« Elle dénonce les fléaux qui sont prêts à descendre sur le monde si une conversion sincère ne vient pas les détourner. Des maladies mystérieuses attaqueront les diverses récoltes : les pommes de terre et les moissons seront tour à tour desséchées, les noix deviendront mauvaises, les raisins pourriront, de petits enfants seront enlevés par un tremblement convulsif aux embrassements de leur mère ; et s'adressant ensuite séparément aux deux bergers, elle leur confie un secret que chacun d'eux reçoit sans que son compagnon puisse l'entendre.

« Mes enfants, continue la vision, vous ferez passer à tout mon peuple ce que je vous ai dit tout à l'heure. »

« Puis elle traverse la *Sézia*. Arrivée au lieu où se dresse la seconde croix de la station douloureuse, elle répète, sans se retourner vers les bergers : « Vous le ferez passer à tout mon peuple ! » Elle glisse au-dessus de l'herbe sans la faire plier sous ses pieds, et au sommet du monticule qu'avaient gravi les deux enfants pour découvrir leurs troupeaux, elle s'élève par la même puissance qui, sur une autre montagne, fit monter son fils Jésus au

ciel, les yeux tournés vers Rome comme pour pleurer sur
ses calamités prochaines et la couvrir de son amour, et
elle s'évanouit aux regards des deux bergers, laissant
après elle un large sillon de lumière.

« Tel est, mes très-chers frères, dans toute sa simplicité, le fait de la miraculeuse Apparition de NOTRE-DAME
DE LA SALETTE.

« Ce fait ne porte-t-il pas en lui-même tous les caractères
de la vérité?...

« Que les deux témoins de ce fait en aient inventé les
circonstances, les détracteurs les plus haineux de la Salette n'ont jamais osé s'arrêter à cette supposition. L'ignorance des deux enfants est si grande que Mélanie, à l'âge
de 14 ans, n'a pu apprendre les éléments du catéchisme
d'une manière suffisante pour être admise à la première
communion. Aussi ils n'ont pas même le pressentiment
que cette vision puisse être la Vierge MARIE, et ils ne l'ap-
pellent que la *Belle Dame*. Remarquez de plus qu'ils n'ont
parlé jusque-là que le patois de leur village, et cependant
ils répètent et ils répéteront toujours sans hésiter dans la
langue française, dont ils n'ont aucune intelligence, une
partie des paroles qu'ils ont entendues. Comment leur
imagination aurait-elle été assez riche pour composer le
costume étrange de la Vierge de l'Apparition? S'ils avaient
eu l'intelligence suffisante pour vouloir tromper par leur
récit, n'auraient-ils pas donné à cette femme les formes de
la madone de leur village qu'ils étaient accoutumés à
prier? Enfin leur persévérance dans la même affirmation,
au milieu d'enquêtes incessantes, n'est-elle pas, si leur
récit est inventé, un véritable prodige, et peut-on expliquer humainement que l'un des deux témoins, égaré quelquefois, comme le prodigue, par un de ces mystères

d'abus de la grâce dont Dieu se réserve le secret, et visité par l'épreuve la plus terrible de toutes, celle de la pauvreté et de la faim, ait persisté toujours dans ses récits, alors qu'un démenti aurait suffi pour obtenir de l'or dont les ennemis du surnaturel ne se seraient pas montrés avares ?

« Si la déposition des deux enfants n'est pas suspecte, ont-ils été, comme on l'a prétendu une fois, victimes d'une duperie sacrilége ?

« On a osé écrire qu'une femme hallucinée s'était chargée de ce rôle odieux. Une enquête sérieuse a montré que *l'iniquité s'est ici*, comme toujours, *menti à elle-même*. La femme à qui l'on a imputé cette fantaisie ridicule était, à l'heure de l'accomplissement du prodige, à plus de cent kilomètres de nos montagnes, et, à moins que ceux qui ne veulent pas de miracles n'admettent, par une contradiction qui leur est du reste assez familière, le miracle du don d'ubiquité, l'accusation tombe d'elle-même.

« Mais le seul aspect de ces lieux ne suffit-il pas pour prouver à ceux qui les visitent la folie de cette explication. Reconstituez par la pensée ces montagnes dans l'état où elles se trouvaient au moment de l'Apparition miraculeuse. Supprimez cette route hardie que le génie de nos chers religieux a jetée aux flancs du *Gargas* et expliquez-moi par quel sentier cette femme presque sexagénaire a pu arriver sur ces hauteurs, portant sur ses faibles épaules le costume assez embarrassant qu'elle avait choisi et se dérober aux regards des habitants des trois hameaux qu'elle a dû nécessairement traverser ? Faites disparaître encore ces constructions gigantesques qui nous entourent, représentez-vous la nudité complète de ce plateau, et expliquez-moi comment on a choisi pour théâtre de cette comédie hypocrite le seul point de cette montagne où aucun arbre ne pouvait faciliter une subite disparition et où tous les pâtres dispersés sur ces hautes cimes pouvaient être les témoins de la scène et en compromettre le succès?

« Mais à quoi bon, mes très-chers frères, prolonger une discussion que les faits les plus éclatants ont rendue complétement inutile ?

« Dieu lui-même nous a donné trois preuves de la vérité de l'Apparition.

« La première, c'est le miracle. Loin de moi la pensée de promulguer comme autant de miracles tous les faits extraordinaires qui se sont accomplis par l'invocation de NOTRE-DAME DE LA SALETTE, et même la guérison de la pauvre malade qui vous a tant émus ce matin. L'Église procède avec plus de lenteur, imitons sa sagesse ! Elle ne cède à aucun entraînement ; elle n'est égarée par aucun enthousiasme ; elle veut, selon la recommandation de saint Paul, qu'on fasse le discernement des esprits ! Aussi, lorsque, après de longs et minutieux examens, elle finit par élever la voix pour proclamer que la vertu de Dieu s'est manifestée par un vrai prodige, les esprits les plus exigeants sont forcés de s'incliner devant elle, et je ne connais pas de fait historique plus acceptable que les miracles chrétiens juridiquement constatés et auxquels une décision solennelle de l'Église a donné sa consécration.

« Mais, sans rien préjuger sur les déclarations qu'elle sera appelée à faire un jour, ne nous est-il pas permis de signaler de nombreux faits dont l'explication est humainement impossible ? Que de malades soulagés, que de malheureux consolés, que de pécheurs convertis par l'invocation de NOTRE-DAME DE LA SALETTE ! Que de Moniques ont obtenu dans ce sanctuaire béni la résurrection de nouveaux Patrices et de nouveaux Augustins ! Que de larmes Marie a essuyées ! Que de cœurs brisés ont retrouvé l'espérance, et dans cette foule qui m'entoure, que de voix pourraient s'élever pour raconter une de ces œuvres intérieures de la grâce que le monde ne comprend pas, mais qui révèlent avec une force indicible l'action souveraine de Dieu !

« Nous accusera-t-on d'exagération si nous voyons dans l'ensemble de ces faits un puissant préjugé en faveur de la vérité du miracle, et n'est-ce pas sous cette impression que le thaumaturge du dix-neuvième siècle, le vénérable curé d'Ars dont vous venez de visiter le tombeau, qui avait dit comme Gamaliel : *Si le fait de la Salette vient de Dieu, on ne parviendra pas à le détruire*, devint, après huit années de luttes et d'hésitation, un des propagateurs zélés de ce culte et ne cessa pas de déclarer, jusqu'à sa mort, la vérité de l'Apparition ?

« Saint Augustin, admirant, au cinquième siècle, la diffusion de la parole évangélique dans le monde entier, voyait dans ce simple fait le miracle le plus capable d'ébranler les convictions, et il disait aux antichrétiens de son temps : Nous n'avons plus besoin de prodige. N'êtes-vous pas, en effet, vous-mêmes, un prodige assez étonnant en refusant de croire lorsque le monde entier a cru ?

« Je n'hésite pas, mes très-chers frères, à appliquer au fait miraculeux de la Salette le raisonnement de saint Augustin, et c'est le second témoignage de Dieu en faveur de sa vérité.

« La transformation de cette montagne, accomplie malgré des obstacles surhumains, dans le court espace d'un quart de siècle, l'extension du culte de MARIE, la dévotion de la Salette devenue une dévotion *catholique*, sa pieuse archiconfrérie embrassant dans un immense réseau l'univers entier, et établie à Rome par la volonté de Pie IX ; enfin, — ce qui ne s'est réalisé depuis dix-huit siècles par rapport à aucune autre dévotion, — des sanctuaires, des églises paroissiales érigés sous ce vocable nouveau aux quatre points de la terre, ne sont-ce pas là pour tous les esprits réfléchis autant de démonstrations éloquentes de la vérité de l'Apparition ?

« La vérité de l'Apparition ! Elle est affirmée par cette basilique dont les tours élevées par des efforts surhumains luttent de majesté avec les rochers qui les entourent. Elle est attestée par cet immense monastère éclos comme une végétation luxuriante de cette terre désolée. Elle est proclamée par la voix de ces cloches qui ont gravi la montagne pour mêler leur harmonie solennelle aux mille bruits de la tempête et au silence non moins majestueux de la nuit !

« La vérité de l'Apparition ! Elle est acclamée par les foules qui se pressent dans ce sanctuaire vénéré ! Du septentrion et du midi, du couchant et de l'aurore, des peuples parlant toutes les langues se sont dirigés vers ces sublimes hauteurs. La femme, l'enfant, la jeune fille délicate ont compté pour rien les aspérités de la route ; le vieillard et l'infirme ont retrouvé pour les franchir une force inconnue ; des prières montant comme des soupirs ont enveloppé la montagne d'une atmosphère bénie ; des larmes de douleur et d'amour se sont mêlées à l'eau miraculeuse de ses fontaines, et après un quart de siècle, dans les régions civilisées de l'Europe, dans les immenses plaines de l'Asie, dans les déserts de l'Afrique, dans les forêts de l'Amérique, sur les plateaux de l'Océanie, il n'est pas un lieu où le nom, hier inconnu encore, de la Salette n'éveille au fond des âmes chrétiennes **un indicible** frémissement !

« La vérité de l'Apparition !... Vous l'avez jetée hier à tous les échos de la montagne, lorsqu'au milieu d'une nuit brillante comme le plus beau des jours, entourant l'image de MARIE sur le front de laquelle les rayons de la lune et des milliers de flambeaux répandaient les plus doux reflets, vous lui demandiez de sauver la France au nom du Sacré-Cœur de son Fils et lui adressiez une prière touchante en faveur de quelques frères égarés qui avaient répondu par l'insulte à la manifestation libre de votre foi !

« La vérité de l'Apparition !... aujourd'hui plus que jamais, elle se révèle dans tout son éclat. Ce n'est pas seulement, en effet, la Babylone moderne qui nous a envoyé les plus nobles de ses enfants. La France entière est représentée sur cette montagne. La plupart de nos vieilles provinces et même les plus éloignées, la Champagne, la Lorraine, la Picardie, l'Artois, la Touraine, la Guyenne, la Bourgogne, la Provence, le Languedoc, — j'en oublie, sans doute, — comptent ici de nombreux pèlerins. L'Alsace elle-même, toujours française par le cœur, est venue demander des consolations pour ses douleurs ineffables. Trois cents prêtres rassemblés de cinquante-deux diocèses ont offert ce matin le sacrifice et forment en ce moment autour de moi une couronne bénie. La patrie de saint Bernard a sa place d'honneur dans cette croisade pacifique, et laissez-moi vous rappeler l'émotion enthousiaste avec laquelle vous avez accueilli tout à l'heure la légion des apprentis dijonnais portant fièrement sa bannière et affirmant par sa présence que la foi catholique est encore vivante dans le cœur d'une partie des populations ouvrières en dépit des doctrines immorales et sauvages par lesquelles on cherche à les abrutir afin de les décatholiciser

« Dieu, mes très-chers frères, a voulu nous donner dans ces derniers temps, une troisième démonstration de la vérité du prodige de la Salette.

« Cinq ans après l'Apparition miraculeuse, deux prêtres de notre diocèse, dont la mémoire est bénie comme celle des élus de Dieu, allèrent à Rome déposer aux pieds de Pie IX un pli mystérieux renfermant les deux secrets confiés aux petits bergers de la montagne. On dit qu'un nuage de tristesse se répandit sur le front de notre père bien-aimé : *Ce sont des fléaux*, s'écria-t-il, et ses lèvres murmurèrent ces mots : *Pauvre Italie ! Pauvre France !* Eh bien ! mes très-chers frères, je n'hésite pas à vous le demander, les récentes agitations de ces deux peuples ne sont-elles pas la réalisation des soupirs ineffables de Pie IX et de l'oracle qui les a inspirés?

« Pauvre Italie ! ai-je besoin de vous rappeler ses crimes ! Depuis le jour où ce peuple ingrat, indigne de la liberté que voulait lui donner un grand Pontife, répondit par le poignard et l'exil à ses bienfaits, et que l'illustre banni commença sa douloureuse station en gravissant les rochers de Gaëte, que de brutales annexions, que de spoliations iniques, que de violations de tous les droits ! Ne voyez-vous pas fumer à l'horizon le sang de Castelfidardo réclamant une juste vengeance ? Ne voyez-vous pas à l'heure où je vous parle les églises et les monastères dépouillés, le Pape captif au Vatican, entendant des cris de mort sous les murs de son palais qui l'abrite encore ; et quand l'ère des châtiments — ce qui arrivera un jour — aura succédé à celle des perfidies et des désordres, n'aurons-nous pas le droit de répéter le soupir de Pie IX après avoir lu le secret de la Salette : Pauvre Italie !

« Hélas ! mes très-chers frères, l'heure du châtiment a sonné plus tôt pour la pauvre France !

« Elle aussi a été bien coupable ! Appelée par une vocation quatorze fois séculaire à être au milieu du monde moderne le missionnaire de la vérité, elle est devenue le missionnaire de l'erreur, et depuis plusieurs années elle a accompli, par tous les échos de la presse, du roman et du théâtre, ce fatal apostolat. Nous l'avons vue, fière de ses progrès matériels, voulant se passer de Dieu, le chasser de l'école et de la famille comme elle le bannissait de ses lois, soulevant toutes les convoitises et les appétits sensuels. C'était la femme de l'Apocalypse portant au front le diadème d'une science tout humaine, sur ses épaules le manteau d'or de l'industrie et offrant à toutes les nations qu'elle invitait à ses fêtes luxueuses la coupe empoisonnée de ses erreurs et de ses vices.

« Mais pendant que la plupart de ses fils s'enivraient de sa prospérité dans des orgies criminelles, une main écrivit sur la muraille du festin de ces nouveaux Balthazars trois mots mystérieux, et comme aux jours de la chute de Babylone, d'autres barbares arrivèrent du Nord avec la rapidité du vautour ; et nos chefs les plus hardis *pâlirent comme des bergers surpris par la tempête :* la victoire fut infidèle à notre drapeau, le sang de nos zouaves coula, des milliers de soldats blanchirent de leurs ossements les champs de bataille, le deuil s'introduisit dans nos familles, et tous les cœurs furent ulcérés. Paris fut bientôt assiégé comme la cité déicide, et malgré d'héroïques efforts, celle qui s'appelait la reine des nations, plus humiliée, plus dépouillée que la Niobé du monde antique, a fini par courber la tête sous le plus ignoble tribut.

« Pauvre France ! Le soupir de Pie IX est-il assez justifié ? Non, mes très-chers frères, ce n'était là que le commencement des plus ineffables douleurs. La guerre civile a éclaté avec ses sinistres éclairs, et tandis qu'on répétait autour de nous qu'une civilisation sans Dieu adoucit les mœurs des peuples, on a vu, à la lueur du pétrole qui dévorait nos palais, de nouveaux cannibales dont la férocité n'a été dépassée que par l'héroïsme de nos martyrs. Prêtres de Paris qui m'entourez et qui avez été témoins de ces crimes, dites-nous vous-mêmes jusqu'où peut descendre un peuple quand il a répudié sa foi et ses autels; mais racontez-nous aussi, pour relever notre courage, la grandeur d'âme des victimes, ces soldats et ces magistrats chrétiens, ces prêtres et ces religieux marchant à la mort comme à une fête, et cet illustre archevêque bénissant une dernière fois ses bourreaux avant de tomber sous leurs balles sacriléges.

« Pauvre France! ses épreuves sont-elles finies? c'est le secret de la justice de Dieu. Il demandera peut-être encore des expiations nécessaires, car le règne de l'Esprit du mal s'étend, et de sourdes commotions présagent de plus horribles tempêtes. Mais sur cette montagne bénie, devant votre manifestation religieuse si belle, je ne peux désespérer de l'avenir. Des âmes d'élite ont entendu la voix de la Vierge MARIE, les pèlerinages qui s'organisent partout sont l'indice du réveil du sentiment catholique, et au-dessus de ce sanctuaire, derrière les noirs nuages que sillonne l'éclair, je crois voir luire l'arc-en-ciel de l'espérance.

« Oui, mes très-chers frères, espérons! Espérons le triomphe de l'Eglise et le salut de la France que nous sommes venus implorer! Pourquoi l'heure de la résurrection ne serait-elle pas plus prochaine qu'il ne semble permis de le prévoir? Est-ce sans motif que Dieu, qui a donné au Pontificat de Pie IX toutes les douleurs et toutes les gloires, a fait dépasser à ce Pontife les années de Pierre? Est-ce sans motif qu'il a mis au fond de sa poitrine une confiance que rien ne peut ébranler? Laissez-moi vous faire un récit que j'ai reçu depuis peu de jours de Rome. Notre Père bien-aimé avait lu un article sur le *futur conclave* écrit par un de ses serviteurs dévoué à sa noble cause. Il rencontre le prélat : Mon ami, lui dit-il, votre futur conclave pourrait bien ne pas être très-prochain. Tant que je n'avais pas vécu les années de Pierre, je ne me défendais pas d'une certaine frayeur; mais depuis que le terme fatal est franchi, mon cœur se rassure, et je sens encore assez de force à mon bras pour ouvrir les portes de mes basiliques au jubilé séculaire de 1875. »

Ici des applaudissements et un cri formidable de vive Pie IX! ont interrompu l'orateur et ébranlé tous les échos de la montagne. Dès que sa voix a pu se faire entendre, Monseigneur a repris :

« Oui, mes bien chers frères, votre cri sera exaucé! Il vivra, ce Pontife bien-aimé; il vivra pour assister au triomphe de l'Eglise après avoir été témoin de ses combats. Il verra aussi le salut de la France, car les destinées de la fille aînée sont inséparables de celles de la mère. Vos prières, vos larmes, vos communions, vos sacrifices, vos souffrances si noblement acceptées ne seront pas stériles, et comme il est juste que ceux qui auront avancé par leurs supplications l'heure de la miséricorde participent à la fête solennelle du pardon, je vous donne rendez-vous sur cette montagne de la Salette. Tous, nous n'y serons pas présents peut-être! Puissent les absents y assister du haut du ciel, et couvrir de leur intercession ce sanctuaire revêtu d'une nouvelle splendeur! Ainsi soit-il! »

Après les applaudissements prolongés et les vivats à **Pie IX, on** entonne l'*Adoremus*. Le divin hôte du tabernacle sort de sa demeure, et vient, porté par ses ministres, sur les lieux de l'Apparition, pour bénir d'un **autel** improvisé les pèlerins de la Salette.

Le soir, à huit heures, M. l'abbé Tilloy, dont nous avons déjà parlé, nous a fait voir à découvert le mal de l'époque et le remède. Le mal de la société, c'est la profanation du saint jour; le remède, c'est la sanctification du dimanche et les associations qui l'ont pour but. Le talent de l'orateur, l'accent de conviction de sa parole, la force de ses preuves ont produit dans son nombreux auditoire une impression profonde. Un homme, jusque-là assez indifférent et peu soucieux de consacrer le dimanche à Dieu, disait tout haut : C'en est fait désormais, plus de travaux parmi mes employés. Chacun a dû prendre la même résolution qu'a bénie, sans doute, la Vierge dont les reproches retentissent encore sur la Montagne. « Je vous ai donné six jours pour travailler, je me suis réservé le septième, on ne veut pas me l'accorder. Il ne va que quelques femmes âgées à la messe, les autres travaillent le dimanche tout l'été. » — A neuf heures, illuminations plus brillantes que jamais sur les lieux de l'Apparition et chants enthousiastes.

Il semble que Marie aurait bien fait de choisir cette journée pour opérer un miracle. On a parlé, en effet, d'une jeune fille guérie, après la sainte communion, d'une longue infirmité; mais nous ne voulons rien affirmer avant d'avoir des données sûres.

§ X

JEUDI **22**, C'EST LE JOUR DE LA GRANDE MANIFESTATION.

Les messes ont commencé à minuit et se sont succédé
sur dix autels à la fois, durant toute la matinée. Pendant
la nuit du 21 au 22 sont arrivés cent pèlerins de Langres.
Plus heureux que leurs devanciers de Marseille, ils ont
obtenu de la compagnie une réduction de prix notable.
Ces courageux Champenois ont à leur tête, entre autres
fervents dévots de NOTRE-DAME DE LA SALETTE, M. Henri
Burel, huissier de Montigny-le-Roi, qui depuis longtemps
met tout son cœur à répandre le culte de la Vierge de
l'Apparition.

A sept heures, procession générale. Les prêtres y sont
plus nombreux encore que la veille. Avant que le cortége
de la Vierge se mette en marche, Monseigneur bénit la
bannière qu'ont apportée les pèlerins de Romorantin (Loir-
et-Cher), et sur laquelle on lit : A NOTRE-DAME DE LA SA-
LETTE, *Romorantin reconnaissant*. Cette ville se croit rede-
vable à NOTRE-DAME DE LA SALETTE d'avoir été préservée
des horreurs de la dernière guerre, et ses bons habitants
ont érigé déjà en son honneur un groupe de l'Apparition.
Mêmes chants, même recueillement, même joie que la
veille; le parcours de la procession est seul modifié. O
Dieu! voyez donc du haut du Ciel la France qui vous prie,
et si dans vos mains vous avez encore des foudres près
d'être lancées contre elle, ah! désarmez votre bras, pardonnez à votre peuple au nom des larmes de votre Mère!

Que ces louanges de tant de bouches vous fassent oublier les blasphèmes de nos impies! que cette foi détourne vos yeux de l'incrédulité du siècle! que ces transports de ferveur vous inclinent à la miséricorde pour les pauvres chrétiens indifférents! Vous demandiez cinq justes à Sodome pour l'épargner : voyez donc que de prêtres vénérables, que d'âmes saintes qui vous supplient avec des larmes. Seigneur, sauvez l'Eglise, délivrez son Pontife, rendez à notre patrie sa gloire! Au moment où s'achevait le défilé de la procession, voici venir les bons habitants du Valjouffrey, croix et bannière en tête, et suivis de leur curé en habit de chœur. Accourez, braves montagnards, vous êtes dignes de prendre place après les Parisiens; vous n'avez pas parcouru une aussi longue route, mais il est huit heures du matin et vous êtes en marche depuis deux heures après minuit.

La procession rentre à l'église, où Monseigneur, du haut de la chaire, consacre les pèlerins à Notre-Dame de la Salette. Le Révérend Père Picard, à son tour, adresse quelques paroles senties à la nombreuse assistance. Monseigneur l'Evêque célèbre les saints mystères et puis vient le moment de l'adieu...

La caravane se divise par groupes qui descendent à des heures différentes et que le regard voilé de pleurs suit de loin à travers les contours des rochers.

Le lendemain, les pèlerins sont arrivés successivement à Grenoble. Dès 8 heures, ils remplissaient les salles d'attente que M. le chef de gare avait mises gracieusement à leur disposition. Un bonheur recueilli était encore peint sur tous les visages. Une députation d'hommes de cœur, de vrais Grenoblois, avaient tenu à honneur d'interpréter auprès des pèlerins les vrais sentiments de la population. Ces hommes étaient là, distribuant à tous, en gage de réconciliation, l'adresse dont nous avons donné plus haut le texte. Toutes les mains se tendaient pour recevoir ce témoignage de sympathie chrétienne.

Un exemplaire de cette adresse a été remis au R. P. Picard, avec un pli renfermant les nombreuses signatures dont elle était accompagnée. Au moment de monter dans le train, le R. P. Picard, debout sur le marchepied d'un wagon, a prononcé une belle allocution, dont voici la substance :

« Mes Frères, à notre retour de la Salette, nous recevons deux lettres qui nous seront bien précieuses ; la première est celle des habitants de Grenoble qui nous prient d'oublier la réception qu'on nous a faite à notre arrivée. J'ai répondu en votre nom que nous sommes bien touchés de ce témoignage, et que nous n'avons rien à pardonner, parce que notre cœur est sans amertume. Avant de quitter cette ville, nous voulons emporter d'elle un bon souvenir et nous crierons tous : Vive Grenoble ! (Vivats prolongés.)

« L'autre lettre est un télégramme du Souverain Pontife : nous avons entrepris ce pèlerinage dans le but de prier pour la France et pour l'Eglise, pour la France que nous aimons plus particulièrement aujourd'hui à cause de ses malheurs. Il y a dans nos cœurs un cri qui nous est bien cher, c'est le cri de : *Vive la France !* »

Vive la France ! a répondu la foule avec enthousiasme.

« Enfin, nous sommes allés prier pour la délivrance du Saint-Père. En arrivant, nous avions adressé à Pie IX une dépêche pour lui offrir les hommages de notre piété filiale. Le Saint-Père nous a immédiatement répondu, et il nous envoie à tous sa bénédiction. Recevons-la avec amour cette bénédiction qui nous arrive si heureusement au terme de notre voyage, et répétons avant de nous séparer ce dernier cri : *Vive Pie IX !* »

La foule a répondu par les cris prolongés de : *Vive Pie IX !* Puis les pèlerins sont montés en bon ordre dans le train, et ont entonné le *Magnificat* ; leur dernier cantique n'était pas achevé, quand le sifflet de la locomotive a annoncé le départ. Le train s'est mis en marche. Les pèlerins saluaient aux portières les personnes de Grenoble qui étaient là en grand nombre. Ils ont quitté la gare aux cris chaleureusement répétés de : *Vive Grenoble !* Tous les cœurs étaient émus... (1).

En passant par Dijon, le R. P. Picard a assisté à l'exercice de la neuvaine qui se faisait dans une des églises de la ville en union avec le pèlerinage national ; et là, il a encore une fois fait entendre à la foule sa parole entraînante.

Les pèlerins, rentrés samedi soir, 24 août, à Paris, se sont réunis une dernière fois le lendemain à Notre-Dame-des-Victoires.

Dans un chaleureux discours, le R. P. Desaire redit les péripéties du pèlerinage, et les espérances qu'on pouvait en concevoir pour la France.

La bénédiction et le chant des litanies terminèrent cette cérémonie, qui a clos dignement ces jours de grâce et de miséricorde (2).

---

(1) Nous extrayons la substance de ces détails de l'*Unité Française.*

(2) *Echo de Fourvières.*

§ XI

Une lettre remarquable de Mgr l'Evêque de Grenoble.

Nous l'avons dit plus haut, quelques arrestations avaient été opérées par la police à la suite des insultes dirigées à Grenoble contre les pèlerins. Les arrêtés sont élargis bientôt après, en attendant qu'on formule contre eux une plainte. M. le procureur général et M. le procureur de la République se rendent à l'Evêché pour demander qu'un des membres du comité dépose cette plainte au parquet et pour s'offrir à poursuivre les coupables dont la conduite a indigné tous les cœurs honnêtes. Une lettre de M. Chambon, vicaire général, annonce immédiatement cette bienveillante visite à Monseigneur, qui est toujours sur la montagne. Voici quelle a été la réponse de notre vénéré prélat :

« *Au sanctuaire de* NOTRE-DAME DE LA SALETTE, *le 22 août 1872.* — Mon bien cher vicaire général, je suis profondément touché de la démarche des honorables chefs de notre administration judiciaire, dont je connais le bon esprit et le noble dévouement. Veuillez, en attendant que j'aille chez eux, au retour de la sainte Montagne, leur en exprimer ma reconnaissance.

« Priez-les aussi, en mon nom et au nom du comité *du Pèlerinage national*, de n'exercer aucune poursuite.

« Les vrais chrétiens ont appris sur le Calvaire la manière de répondre à l'insulte et à la violence. Ce n'est ni la répression, ni même le dédain, c'est le pardon et la prière.

Quand les pèlerins outragés par quelques individus cosmopolites qui n'appartiennent pas, j'aime à le croire, à notre ville si hospitalière de Grenoble, sont arrivés au sanctuaire, ils m'ont raconté, en souriant, l'indigne traitement dont ils avaient été l'objet, et l'un d'eux, élevant la voix, a demandé des prières pour les coupables.

« C'était dix heures du soir ; la nuit était splendide ; plus d'un millier de pèlerins, tenant des cierges allumés, se trouvaient réunis au sommet de la montagne, autour de l'image de la Vierge de l'Assomption, et chantaient le cantique si catholique et si national :

> Sauvez, sauvez la France !
> Au nom du Sacré-Cœur...

« J'ai demandé qu'on entonne trois fois l'antienne *Parce Domine* ; et le psaume *Miserere* a été répété par ces mille bouches en faveur de quelques insensés qui ne savent ce qu'ils font, et d'autres hommes plus coupables qui, par la prédication des plus dangereuses doctrines et par la révélation quotidienne de prétendus scandales, soulèvent sciemment les plus mauvaises passions. Je ne crois pas que jamais prières plus ferventes pour la conversion de ces pauvres âmes soient montées vers le ciel.

« Du reste, mon bien cher vicaire général, la soirée du 19, que déplorent toutes les âmes honnêtes de Grenoble, a porté bonheur au Pèlerinage national. La foi de nos pèlerins s'est retrempée pour ainsi dire dans cette épreuve. Ils ont supporté non-seulement avec résignation, mais avec bonheur, les plus indicibles fatigues. Couchés pour la plupart, pendant plusieurs nuits, sur le sol, ils n'ont pas laissé échapper un regret, et, depuis mardi, j'ai sous mes yeux le spectacle le plus consolant.

« La manifestation d'hier comptera surtout dans les *Annales de* Notre-Dame de la Salette. J'espère qu'on en publiera le récit, mais je n'hésite pas à affirmer que je n'ai jamais vu et je ne verrai jamais une scène plus magnifique.

« Cette manifestation a été d'autant plus grande qu'elle est demeurée éminemment religieuse, quoi qu'on en ait dit à ce pauvre peuple de Grenoble qu'on égare quelquefois par de singulières inventions. Rassurez-le, je vous en conjure avec votre esprit charmant, sur les craintes qu'on lui a données.

« Il y a, je l'avoue, un illustre prétendant sur la sainte Montagne, mais ce n'est pas un prétendant à l'empire, à la monarchie héréditaire, ni même à la présidence d'une république : c'est le prétendant éternel à la royauté des âmes, de la France et du monde, Notre-Seigneur Jésus-Christ. Je n'en ai pas rencontré d'autres, et les affections politiques n'ont pas distrait un moment les esprits de la grande pensée du Fils de Dieu et de sa Mère.

« Le triomphe de l'Eglise et le salut de la France humiliée par nos derniers désastres : tel a été le double but de nos pieux pèlerins, et ils ne s'en sont pas écartés. Ceux qui les calomnient n'auraient entendu autre chose, s'ils avaient été présents, que des paroles patriotiques et chrétiennes. Nous avons beaucoup prié ; trois cents prêtres ont offert le saint Sacrifice depuis minuit jusqu'au milieu du jour pour les plus saintes des causes ; des milliers d'âmes pures ont communié à ces sacrifices et uni leurs souffrances aux divines expiations. Le télégraphe a demandé à Rome, au nom du comité, la bénédiction du Saint-Père, et une adresse de consolation à notre bien-aimé Pie IX a reçu déjà depuis hier plusieurs milliers de

signatures. Voilà nos actes, que nous avouons avec une
saint fierté et desquels nous attendons les bénédictions
de Dieu sur la France et sur l'Eglise.

« Aidez-moi, mon bien cher vicaire général, à remercier Dieu de toutes les joies qu'il donne à mon épiscopat,
et agréez l'assurance de mon affectueux dévouement en
Notre-Seigneur.

« † JUSTIN, évêque de Grenoble. »

Nous apprenons par l'*Unité française* que Mgr l'archevêque de Paris a écrit aux membres du comité du Pèlerinage, pour les féliciter de l'héroïsme chrétien avec
lequel ils ont supporté les insultes dont ils ont été l'objet.

Le 22 au soir, M. l'abbé Tardif de Moidrey, de Metz, a
entretenu, avec l'onction d'un homme de Dieu, les pèlerins qui restaient au sanctuaire.

Le lendemain, 23 août, soixante messes sont encore
célébrées sur la montagne, que les pèlerins de Langres
quittent dès le matin. — Le soir, M. l'abbé Abeau, professeur au séminaire d'Aix, qui allait le lendemain dire
adieu au saint lieu de l'Apparition, nous fait voir que ce
mot *adieu* est à la fois une consolation, une exhortation,
une espérance !

§ XII

Dernières nouvelles. — Dimanche 25, fête du Cœur très-pur de MARIE. Treize cents nouveaux pèlerins, dont plus
de cinq cents hommes. Procession de la paroisse de Saint-Jean-des-Vertus ; sa congrégation de jeunes filles a édifié

tous les spectateurs de cette belle fête. Mgr l'Evêque de Grenoble, sur les lieux de l'Apparition et à l'ombre d'une bannière qui l'abritait contre les rayons du soleil, nous a dit avec un cœur de pasteur et de père les tendresses du Cœur de MARIE. Toutes les âmes embaumées par sa parole ont emporté de cette scène magnifique un amour plus tendre pour la Reine du Ciel. Le sermon a été suivi de la bénédiction apostolique qu'un télégramme avait apportée de Rome vendredi dernier. L'adresse au Saint-Père se charge de signatures.

Le soir, après nous avoir bénis une dernière fois, Monseigneur nous laisse heureux d'avoir possédé Sa Grandeur pendant quelques jours, mais avec le regret de ne voir pas durer plus longtemps son séjour en ces lieux bénis.

Pèlerins stéphanois. —Le soir du même jour est arrivée sur la montagne une caravane de la ville de Saint-Etienne (Loire). Comme les Marseillais, les Stéphanois voulaient visiter le sanctuaire en grand nombre, quand des difficultés survenues les ont contraints à se morceler par fractions qui sont arrivées successivement au Pèlerinage. M. l'archiprêtre de St-Marc, de Venise, se trouvait ce jour-là sur la montagne en même temps qu'un prêtre du diocèse de Verceil (Italie).

Lundi 26. — La paroisse du Périer est venue en procession par une belle journée ; elle était partie à trois heures du matin, et à huit heures et demie elle entrait au sanctuaire.

Les messes célébrées au Pèlerinage ont atteint le chiffre de 30 dans la journée du mardi 27 août, celui de 50 dans

celle du mercredi et dans celle du jeudi. Le 1er septembre 600 pèlerins. Pendant la semaine qui a précédé la
fête de la Nativité, le sanctuaire a eu chaque jour, 200,
300, 400, et jusqu'à 500 visiteurs.

Le 30 août, mademoiselle Françoise Roussel, la mira-
culée de Montpellier dont la guérison a fait tant de bruit, est
venue au sanctuaire offrir à MARIE ses actions de grâces.
Le 31, elle a fait elle-même le récit de sa guérison devant
les pèlerins.

Dans un grand nombre de localités, des âmes ferventes
se sont associées au *Pèlerinage national* par une neuvaine
de prières et par d'autres exercices publics. Nous ne pouvons reproduire ici toutes les lettres édifiantes qui nous
ont été adressées à ce sujet.

Toutefois, nous ne passerons pas sous silence la manifestation qui a eu lieu à *Notre-Dame de Myans*, le jour
même où les pèlerins de la Salette étaient réunis en plus
grand nombre sur la Montagne. Voici ce que nous en li-
sions dans la *Semaine religieuse* de Grenoble :

Le clergé et la bourgeoisie de la pieuse Savoie, ne pouvant se rendre à NOTRE-DAME DE LA SALETTE, ont voulu cependant manifester leur confiance en MARIE et unir leurs
supplications à celles de leurs frères de toute la France,
afin d'obtenir le secours d'en haut pour l'Eglise et pour
notre patrie.

Quel spectacle ! de tous côtés vous voyez arriver des
processions d'hommes et de femmes, de jeunes gens, de
jeunes filles chantant avec un ensemble ravissant les
louanges de notre Mère du ciel.

En un instant, ces divers flots humains se trouvent
réunis au dedans et autour du vénéré sanctuaire au nombre de 10 à 12 mille.

Dans diverses paroisses de divers diocèses, les exercices de la neuvaine, en union avec le pèlerinage national, se sont faits d'une manière solennelle. Mentionnons la paroisse de Suze-la-Rousse, diocèse de Valence, où une petite montagne a été élevée pour servir de trône à la statue de la Vierge en pleurs. A Saint-Seine-l'Abbaye, il y a eu instruction tous les jours de la neuvaine, suivie de la bénédiction du Saint-Sacrement qu'avait permise Mgr l'évêque de Dijon, et le 26, jour de la clôture, la paroisse entière a été consacrée à Notre-Dame de la Salette. Dans deux des églises paroissiales de Dijon on a célébré publiquement une neuvaine de messes, d'instructions et de saluts au Saint-Sacrement.

— L'*Unité française* annonce que vendredi dernier, 30 août, cinq des principaux insulteurs des pèlerins de la Salette ont comparu devant le tribunal de simple police, et ont été condamnés chacun à cinq jours d'emprisonnement et à 15 francs d'amende. La justice a son cours malgré la lettre si charitable de Mgr l'évêque de Grenoble.

Le pèlerinage national n'est point encore terminé et nous attendons encore, à l'heure où nous écrivons (7 septembre), de nouvelles caravanes ; 400 pèlerins du Jura doivent arriver le 9 septembre ; le 15 c'est Lyon, la ville de Marie, qui va envoyer à la montagne ses députations nombreuses.

Déjà cependant nous pouvons dire que ce pèlerinage a été vraiment *national*. Pour en convaincre nos lecteurs, il suffira de mettre sous leurs yeux l'énumération des villes et des départements d'où nous sont venus des pèlerins, pendant les premiers six jours de la neuvaine.

Villes d'où sont venus les pèlerins : — Aix, Amiens, An-
vers, Arras, Arles, Autun, Auxerre, Avignon, Belley,
Béziers, Bordeaux, Bourg, Briançon, Carpentras, Chambéry, Clermont-Ferrand, Digne, Dijon, Draguignan, Epi-
nal, Gap, Grenoble, Langres, Lille, Limoges, Lyon, Mar-
seille, Montpéllier, Orléans, Paris, Poitiers, Reims, Rodez,
Rouen, Saint-Etienne, Sedan, Sens, Strasbourg, Toulon,
Troyes, Valence, Vendôme, Vienne. *Les départements sont
au nombre de cinquante-quatre,* savoir : Ain, Aisne, Ar-
dennes, Ardèche, Aube, Aveyron, Basses-Alpes, Bas-
Rhin, Boûches-du-Rhône, Cantal, Charente-Inférieure,
Côte-d'Or, Drôme, Eure, Eure-et-Loir, Gard, Hautes-
Alpes, Haute-Marne, Haut-Rhin, Haute-Saône, Hérault,
Ille-et-Vilaine, Indre-et-Loire, Isère, Jura, Loir-et-Cher,
Loire, Loiret, Loire-Inférieure, Marne, Mayenne, Meur-
the, Morbihan, Nièvre, Nord, Oise, Orne, Pas-de-Calais,
Puy-de-Dôme, Rhône, Saône-et-Loire, Sarthe, Seine-et-
Marne, Seine, Seine-Inférieure, Somme, Tarn, Var, Vau-
cluse, Vienne, Vosges, Yonne. *Contrées étrangères repré-
sentées :* Amérique, Belgique, Hainaut, Piémont, Suisse.
Les prêtres nombreux qui ont visité la montagne pendant
le pèlerinage national sont venus de cinquante-un dio-
cèses dont voici l'énumération : Aix, Amiens, Annecy,
Arras, Autun, Avignon, Beauvais, Belley, Besançon, Bor-
deaux, Cambray, Chambéry, Chartres, Digne, Dijon,
Evreux, Fréjus, Gap, Grenoble, Langres, Laval, La Rochelle, Le Mans, Le Puy, Limoges, Lyon, Maurienne,
Metz, Montpellier, Moutiers, Nancy, Nantes, Nîmes,
Paris, Reims, Rodez, Rouen, Séez, Sens, Soissons, Tou-
louse, Tours, Troyes, Valence, Verdun, Versailles, Viviers,
Verceil et Venise en Italie.

O prêtres, que le Seigneur se souvienne de vos sacrifices offerts sur la Montagne : *Memor sit Dominus omnis sacrificii tui. Qu'il vous donne selon les vœux de vos cœurs !* Ces vœux ont pour but le salut de la France et la délivrance de Pie IX. O vous qui faites *la volonté de ceux qui vous craignent,* écoutez les cris, recueillez les prières et les larmes des pèlerins de la France. Faites triompher l'Eglise et sauvez notre patrie !

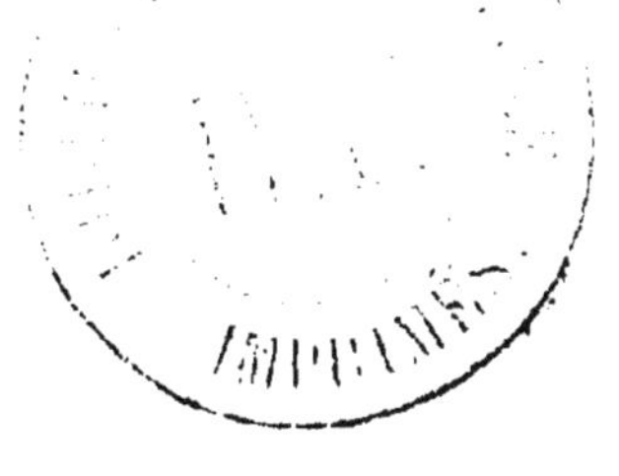

FIN.

Voici le cantique des Marseillais qui a eu un si grand succès pendant le *Pèlerinage national*, et qui a été chanté au retour, à *Notre-Dame-des-Victoires*, à Paris :

HYMNE NATIONAL

CHANTÉ SUR LA SAINTE-MONTAGNE
ET A NOTRE-DAME DES VICTOIRES

Le dimanche, 25 août.

———

Premier couplet.

Divin Jésus, notre appui, notre Père,
Toi, la splendeur de la terre et du Ciel,
Daigne abriter dans ton cœur tutélaire
Ces cœurs français, entourant ton autel.

Refrain.

Dieu de clémence,
Dieu protecteur,
Sauvez, sauvez la France,
Au nom du Sacré-Cœur.

Deuxième couplet.

Un cri d'amour et de reconnaissance
Vers toi s'élève, ô divin protecteur !
Est-il bienfaits que ta bien chère France
N'ait recueillis de ton aimable cœur ?

Troisième couplet.

Mais c'est trop peu de retracer encore,
O cœur chéri, tes immenses bienfaits ;
Ton peuple, hélas ! de nouveau les implore,
Son titre est d'être *Chrétien et Français.*

Quatrième couplet.

O cœur sacré, seul appui de la France,
D'un Dieu vengeur apaise le courroux,
A nos regards fais briller l'espérance,
En nous montrant un ciel propice et doux.

Cinquième couplet.

Elevons à ton cœur un sanctuaire.
Divin Jésus, nous jurons d'accomplir
Ce vœu suprême, ce vœu salutaire
Que ton cœur si bon daignera bénir.

Sixième couplet.

Et vous, ô Marie, ô Mère secourable,
Dont nous venons vénérer les douleurs,
Ne cessez pas pour la France coupable
Au cœur divin de présenter vos pleurs.

Septième couplet.

Mère d'amour, Vierge de la Salette,
Voyez-nous tous pleurer à vos genoux.
Calmez l'orage, écartez la tempête,
Priez, priez pour le Pape et pour nous !

FIN DE L'HYMNE NATIONAL.

TABLE DES MATIÈRES

IMPRIMÉ PAR CH. NOBLET, 18, RUE SOUFFLOT.

9 782019 911645